本书为中国·文物出版社和日本·平凡社合作出版《中国石窟·敦煌莫高窟》第二卷的中文版,收录隋代计49个洞窟的彩塑和壁画,以及有关的论文等。《中国石窟·敦煌莫高窟》第一～五卷于1991年获首届全国美术图书特别金奖,1994年获首届国家图书奖。

# 中國石窟

# 敦煌莫高窟

## 二

敦煌研究院编

文物出版社

# 敦煌莫高窟　第二卷

**著者**

李其琼（敦煌文物研究所副研究员）

樊锦诗（敦煌文物研究所助理研究员、副所长）

关友惠（敦煌文物研究所助理研究员）

刘玉权（敦煌文物研究所助理研究员）

萧默（中国艺术研究院美术研究所研究人员）

高田修（东京国立文化财研究所名誉研究员）

霍熙亮（敦煌文物研究所助理研究员）

欧阳琳（敦煌文物研究所助理研究员）

黄文昆（文物出版社编辑）

孙儒僩（敦煌文物研究所副研究员）

郦伟堂（敦煌文物研究所工作人员）

史苇湘（敦煌文物研究所研究员）

**摄影**

文物出版社：彭华士／陈志安／孙之常

敦煌文物研究所：祁铎

**翻译**

宋益民

**装帧**

三村淳

仇德虎

**责任编辑**

黄文昆

山本恭一

# 目 录

1 第301窟 窟室内景 北周末隋初

2　第301窟　窟顶东披　萨埵太子本生之二　北周末隋初

3　第301窟　窟顶北披　睒子本生　北周末隋初

**4** 第301窟　窟顶南披　萨埵太子本生之一　北周末隋初

**5** 第301窟　东壁南侧　供养人与牛车　北周末隋初

6 第302窟 北壁前部上方 隋

7 第302窟 中心柱上方平棊顶 说法图 隋

9　第302窟　人字披顶东披　隋

10　第302窟　人字披顶西披（部分）　隋

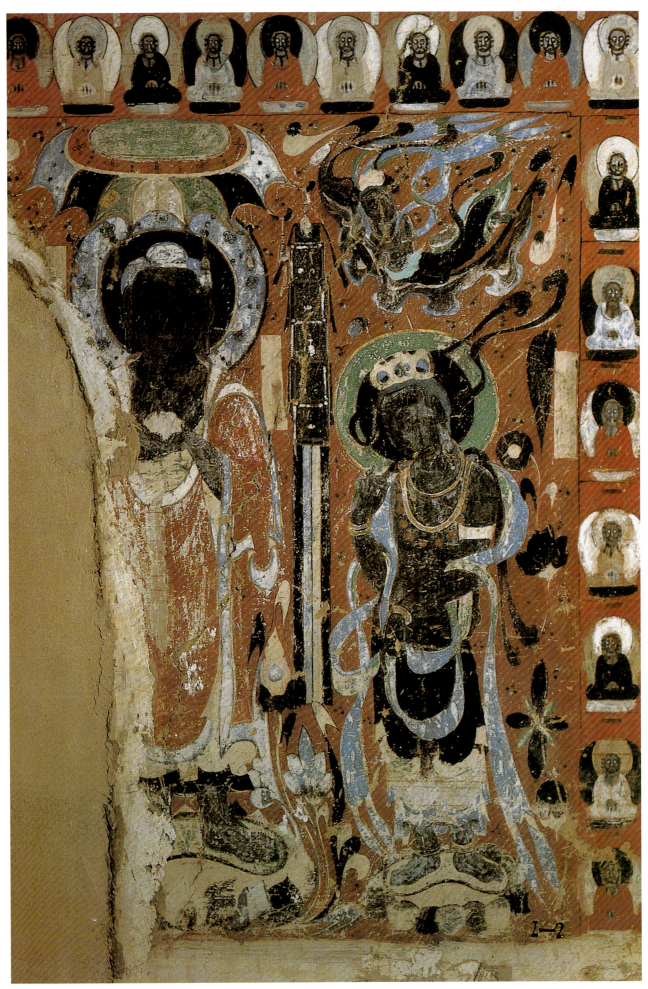

11 第302窟 南壁前部 说法图 隋

15　第303窟　人字披顶东披　法华经变普门品之一　隋

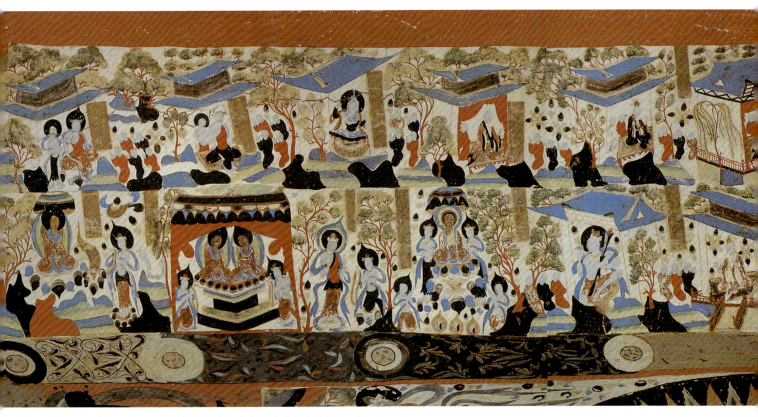

16　第303窟　人字披顶西披　法华经变普门品之二　隋

17　第303窟　东壁北侧　供养人、车马及山林　隋

18　第303窟　中心柱座东向面　供养人　隋

23　第305窟　窟顶南披　帝释天妃（西王母）　隋

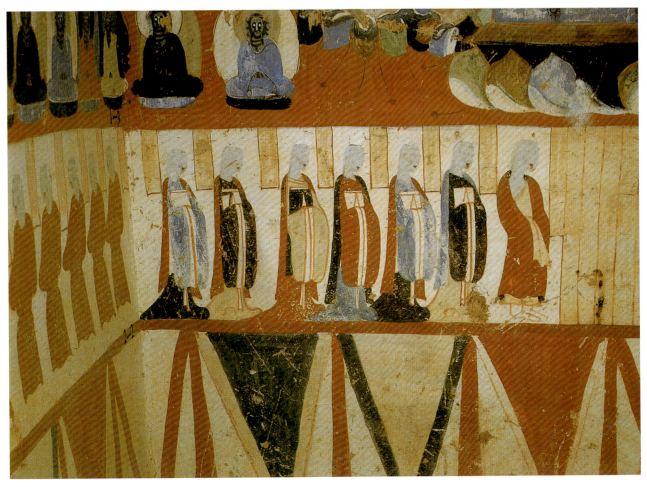

24　第305窟　西壁下部　供养人　隋

25 第305窟 窟顶北披 帝释天(东王公) 隋

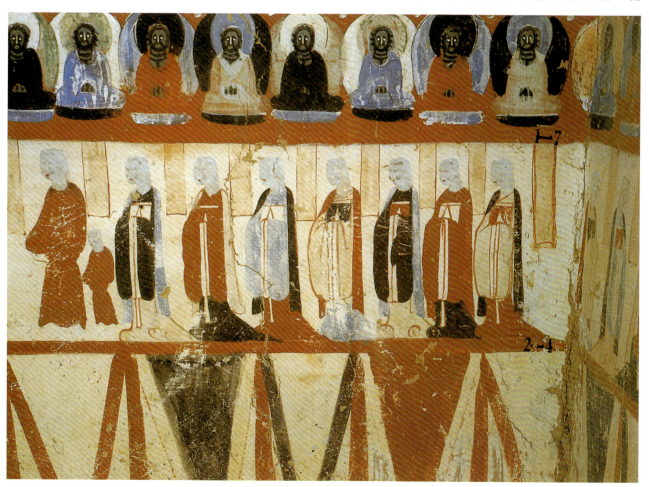

26 第305窟 北壁下部 供养人 隋

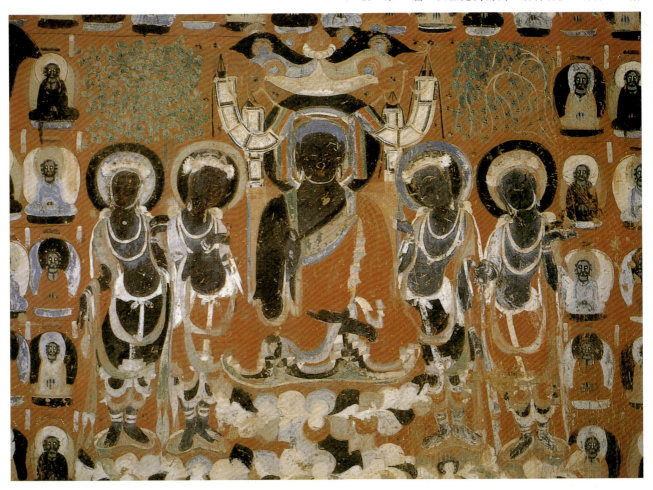

27　第305窟　西壁北侧　说法图　隋

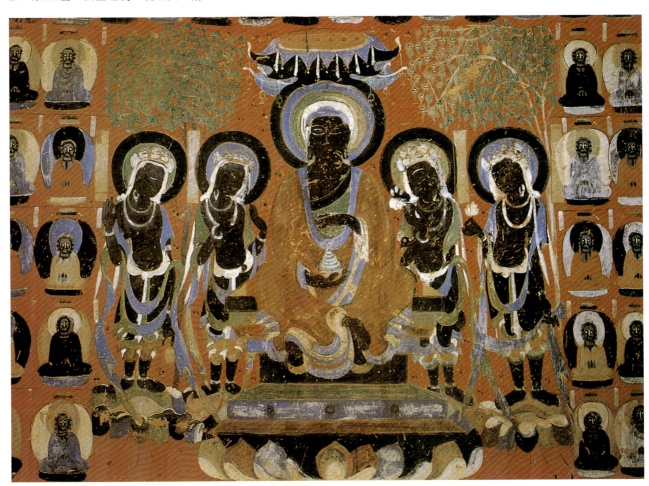

28　第305窟　西壁南侧　说法图　隋

**30** 第417窟 后部平顶 药师经变 隋

**31** 第417窟 西壁北侧 半跏菩萨 隋

32　第417窟　后部平顶北部　菩萨授记　隋

33　第417窟　前部人字披顶西披（部分）　隋

35　第423窟　人字披顶东披　须达拏太子本生　隋

37　第433窟　人字披顶东坡　药师经变　隋

38　第433窟　人字披顶西披及后部平顶　隋

**40**　第295窟　西壁北侧　菩萨　隋

**41**　第295窟　西壁下部　供养人　隋

◀ **45** 第312窟　西壁　佛龕　隋

**46** 第427窟　前室內景　隋—北宋

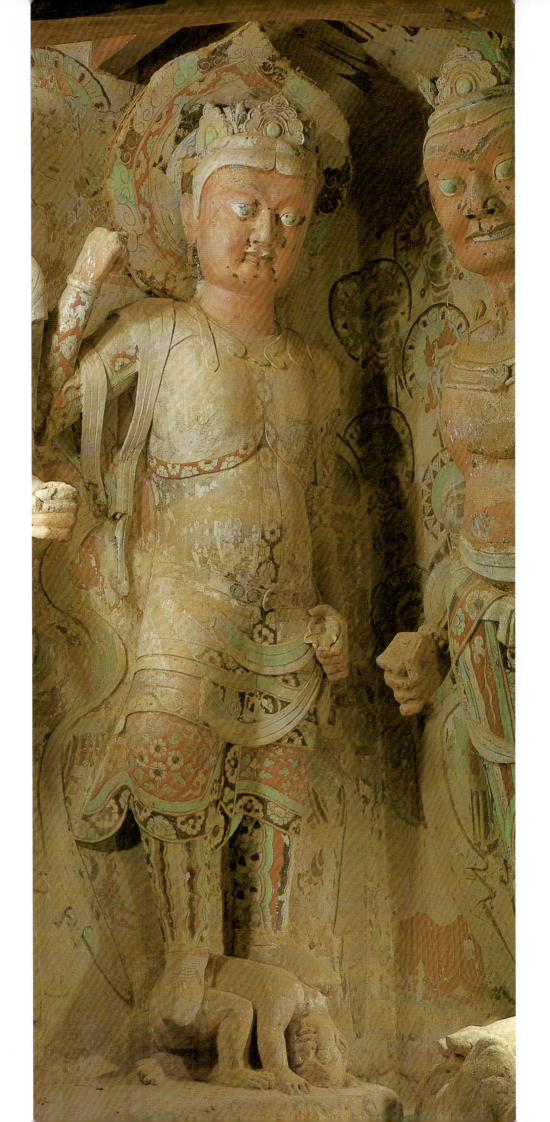

◀ 47 第427窟　前室南壁西侧　天王　隋

48 第427窟　前室南壁东侧　地鬼　隋

49 第427窟　前室北壁西侧　地鬼　隋

50 第427窟　前室北壁东侧　地鬼　隋

55　第427窟　中心柱西向龛北侧　胁侍菩萨　隋　　　　56　第427窟　中心柱北向龛西侧　胁侍菩萨　隋

57　第427窟　中心柱南侧　隋

58　第427窟　中心柱南向龛坛沿　须达拏太子本生（部分）　隋

60　第292窟　人字披顶西披龛下　双狮　隋

61　第420窟　西壁　隋

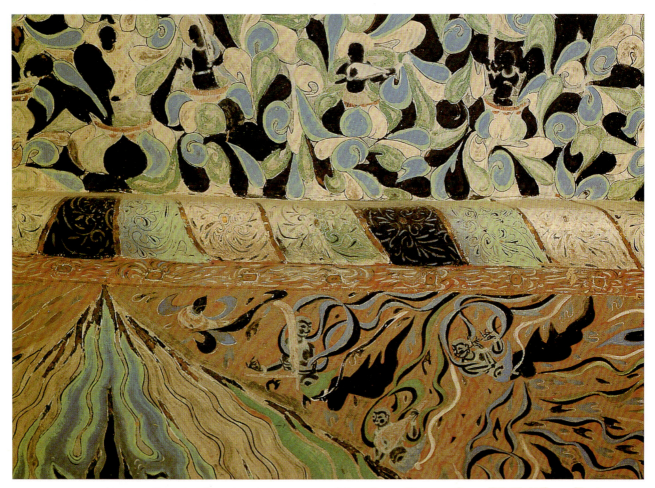

65　第420窟　西壁龛顶（部分）　隋

66　第420窟　东壁门上　说法图　隋

67 第420窟　西壁龛内北侧　供养菩萨　隋

68 第420窟　西壁南侧上部　维摩诘经变问疾品文殊　隋

70 第420窟 西壁南侧 菩萨 隋

71　第420窟　西壁北側　菩薩　隋

72  第420窟  窟顶北披  法华经变之一  隋

73  第420窟  窟顶西披  法华经变之二  隋

74　第420窟　窟顶南披　法华经变之三（譬喻品）　隋

75　第420窟　窟顶东披　法华经变之四（普门品）　隋

76 第420窟 窟顶北披中部 涅槃 隋

77 第420窟 窟顶东披南侧 观音救难 隋

81 第419窟 西壁龛内南侧 胁侍菩萨（部分） 隋

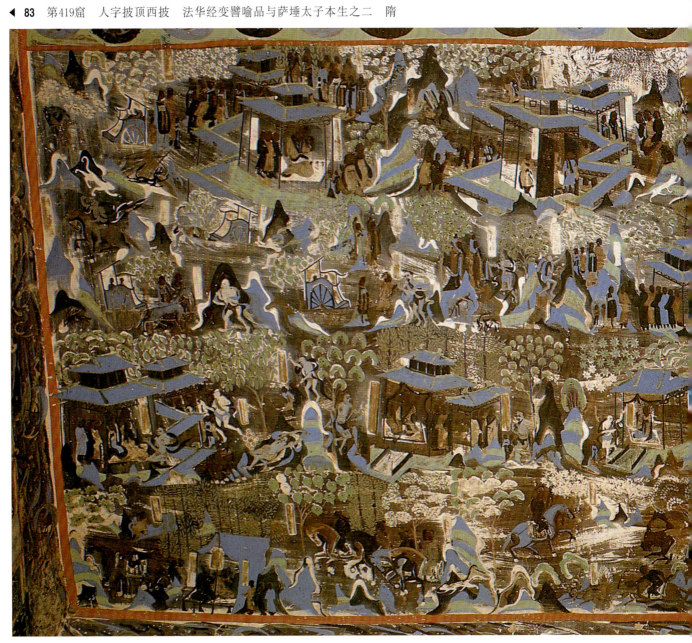

84　第419窟　后部平顶　弥勒上生经变　隋

85　第419窟　人字披顶东坡　须达拏太子本生与萨埵太子本生之一　隋

90　第407窟　西壁龛顶　隋

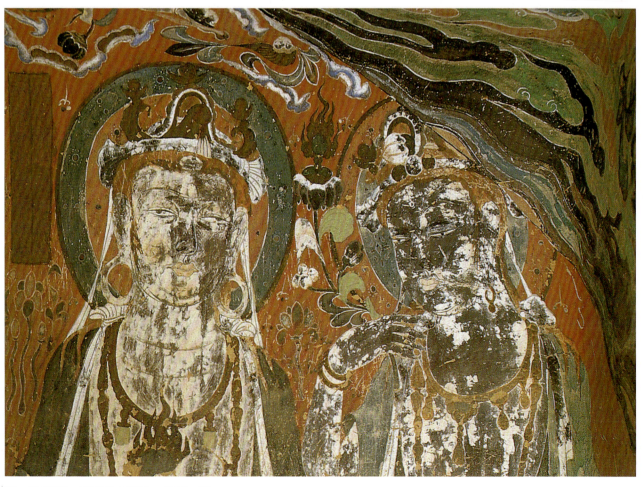

91　第407窟　西壁龛内南侧　菩萨　隋

92 第407窟 东壁门上 说法图 隋

93 第407窟 南壁下部 女供养人 隋

95 第406窟 窟顶藻井 隋

96 第405窟 窟顶藻井 隋

98 第404窟 西壁龛顶 隋

99 第404窟 北壁上部 飞天 隋

2-2

103　第402窟　人字披顶（部分）　隋

104　第402窟　西壁龛顶　隋

106　第402窟　西壁龛内南侧上部　菩萨　隋

108　第282窟　西壁佛龕上部　隋

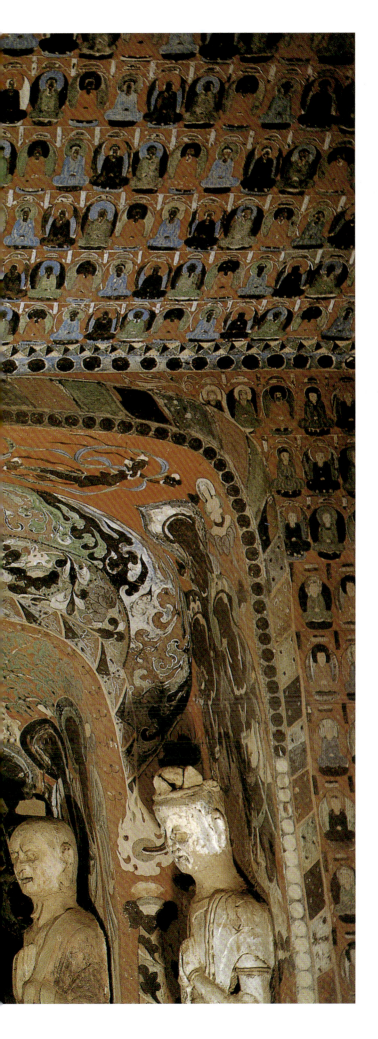

109　第282窟　西壁龕内南側　脇侍菩薩　隋

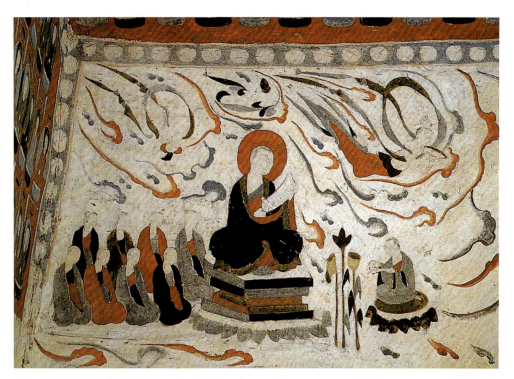

112　第280窟　西壁南侧上部　授经说法　隋

113　第280窟　西壁北侧上部　乘象入胎　隋

114　第280窟　人字披顶西披　涅槃　隋

115 第278窟 西壁南側上部 逾城出家 隋

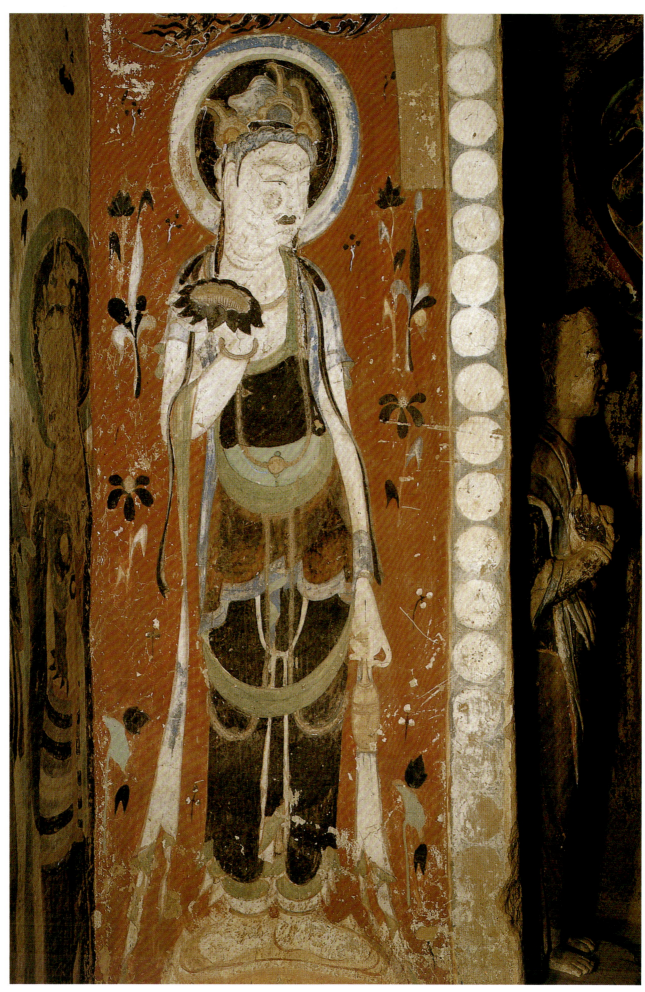

117　第278窟　西壁南側　菩薩　隋

118 第278窟 西壁北侧 菩萨 隋

供养十方无量佛见闻普熏证寂灭一切众生亦如是用香定香慧香解脱香解脱知见香光明云台遍法界

126　第62窟　北壁西側　山间禅僧　隋

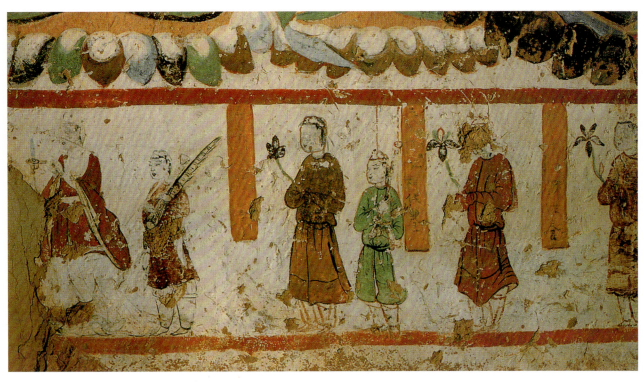

127　第62窟　北壁下部　供养人　隋

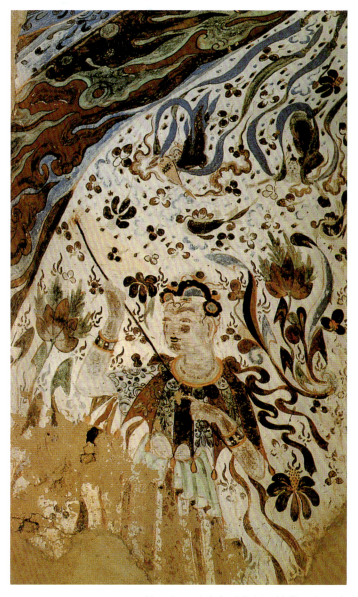

128　第62窟　西壁龛顶北侧　持拂天女　隋

129　第62窟　东壁北侧下部　供养人及牛车　隋

133　第313窟　北壁说法图中　飞天　隋

134　第313窟　南壁　说法图（部分）　隋

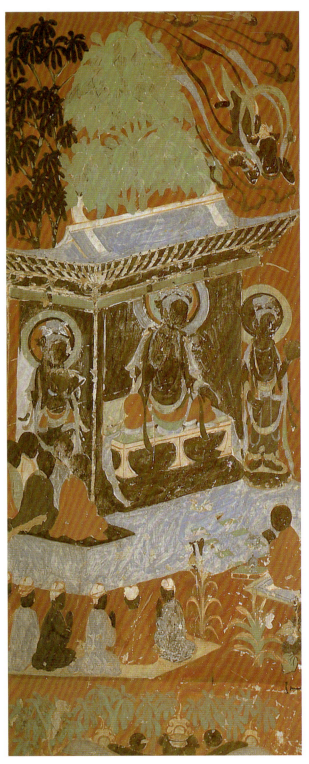

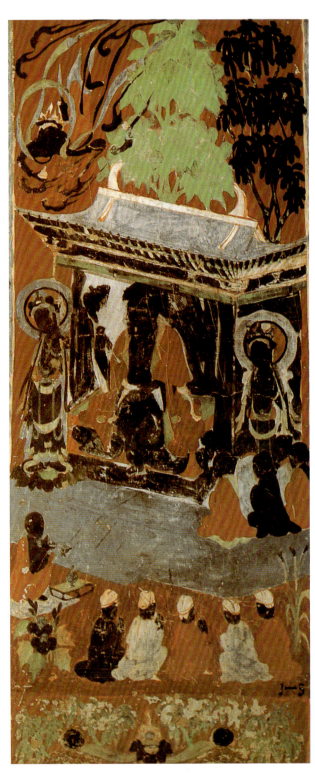

135 第314窟　西壁南侧　维摩诘经变问疾品文殊　隋　　　　136 第314窟　西壁北侧　维摩诘经变问疾品维摩诘　隋

137　第314窟　西壁南侧　半跏菩萨　隋　　　　　　138　第314窟　东壁北侧　说法图　隋

139　第401窟　窟室内景　隋

140　第401窟　北壁龛顶　隋

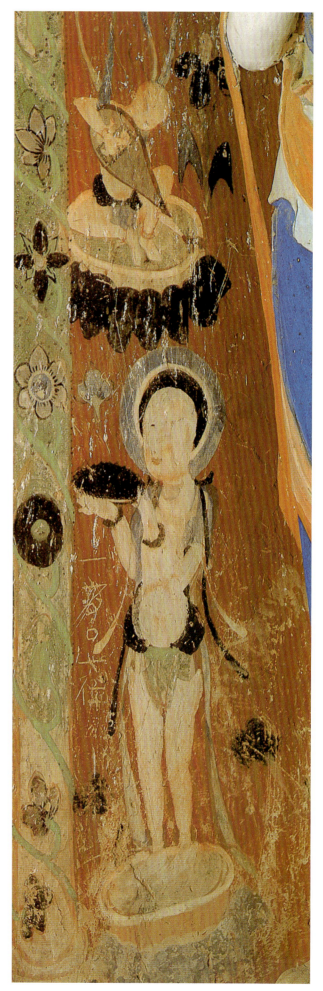

**145**　第398窟　西壁龛内南侧　供养童子　隋　　　　　　**146**　第398窟　西壁龛内北侧　供养童子　隋

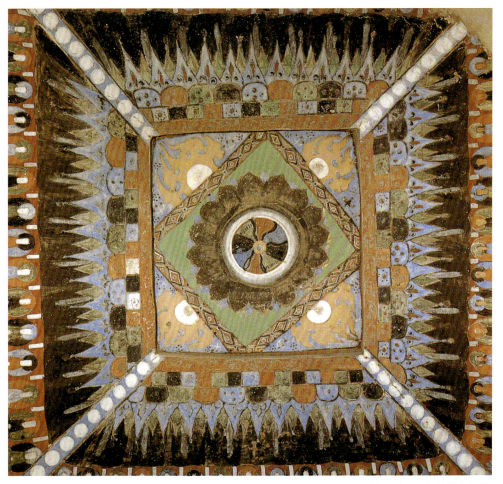

147 第398窟 窟顶藻井 隋

148 第396窟 窟顶藻井 隋

149　第397窟　西壁龕頂南側　逾城出家　隋

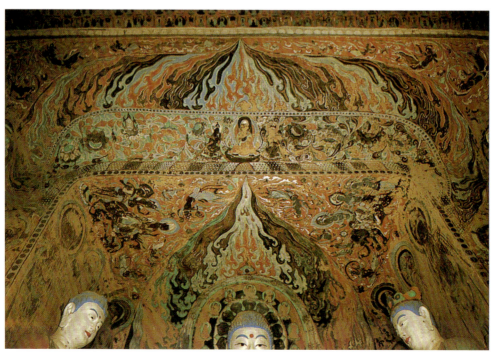

150　第397窟　西壁龕頂　隋

151　第397窟　西壁龛顶北侧　乘象入胎　隋

152　第397窟　南壁下部　供养菩萨　隋

**154** 第394窟 西壁南侧 菩萨 隋

157 第394窟 东壁南侧上部 药师经变（部分） 隋

158 第394窟 北壁西侧 说法图（部分） 隋

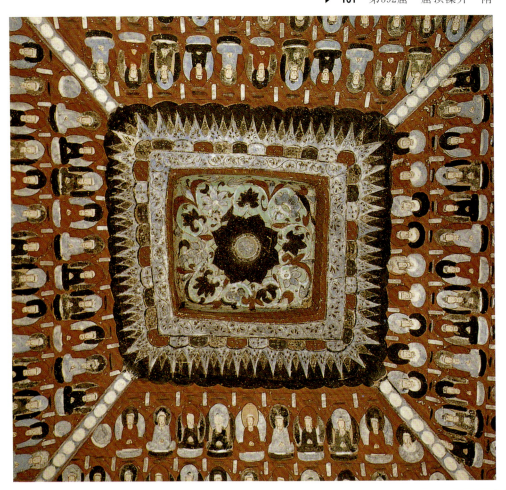

**159** 第394窟　窟顶藻井　隋

**160** 第393窟　窟顶藻井　隋

162　第390窟　窟室内景　隋末唐初

▶ 163　第390窟　北壁　隋末唐初

166 第390窟 南壁上部 飞天 隋末唐初

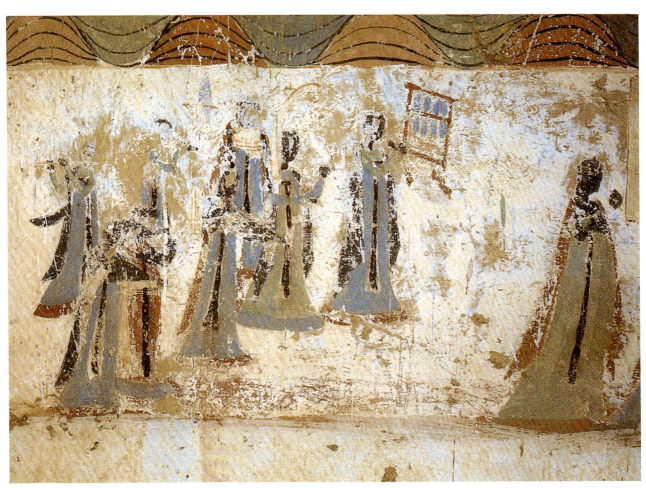

167 第390窟 南壁东侧下部 供养伎乐 隋末唐初

168　第390窟　南壁上部　飞天　隋末唐初

169　第390窟　南壁下部　女供养人　隋末唐初

173　第244窟　西壁南側下部　弟子　隋末唐初

174　第244窟　西壁南側　供养童子　隋末唐初　　　　175　第244窟　西壁南側　供养菩萨　隋末唐初

178 第244窟　北壁东侧上部　隋末唐初

179 第244窟　北壁东侧　说法图　隋末唐初

182 第244窟 东壁北侧 说法图 隋末唐初

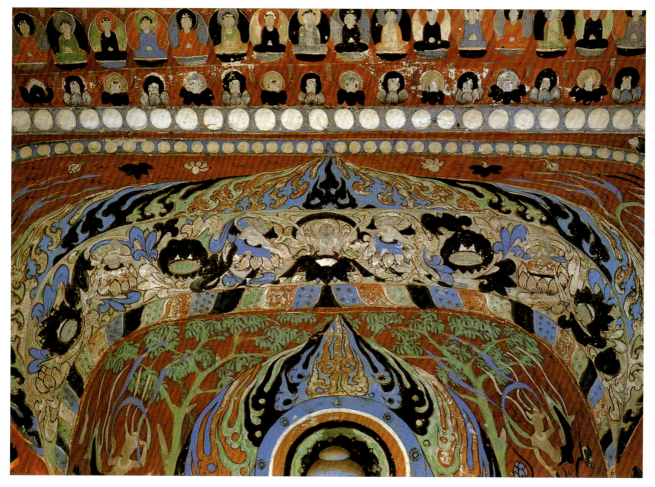

183 第389窟　西壁龛顶　隋末唐初

184 第389窟　南壁下部　女供养人　隋末唐初

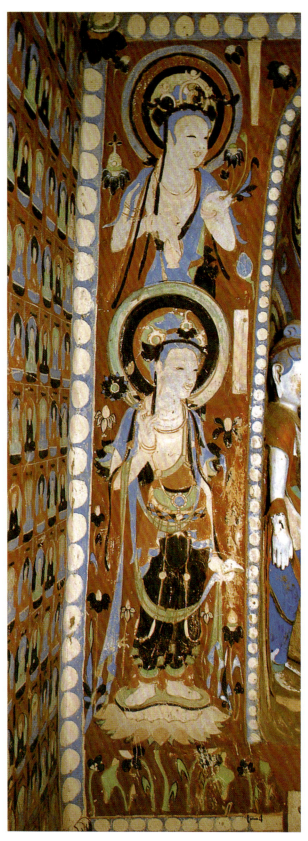

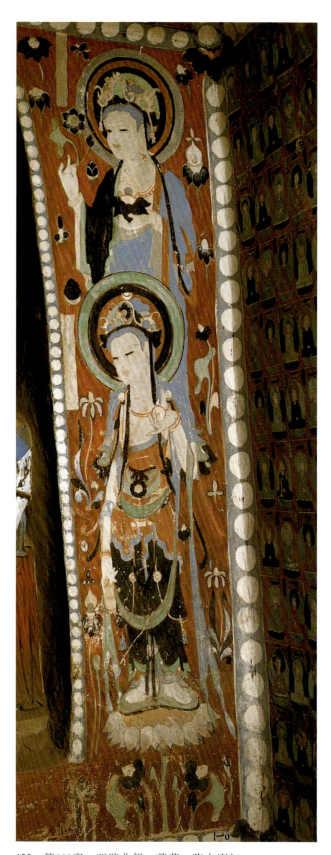

185　第389窟　西壁南側　菩薩　隋末唐初　　　　　186　第389窟　西壁北側　菩薩　隋末唐初

187 第388窟　窟顶藻井　隋末唐初

188　第380窟　西壁南侧　维摩诘经变问疾品文殊　隋末唐初

189 第380窟　西壁北侧　维摩诘经变问疾品维摩诘　隋末唐初

190  第380窟  东壁北侧  天王  隋末唐初

191 第380窟 东壁南侧 天王 隋末唐初

192　第380窟　窟顶藻井　隋末唐初

# 隋代的莫高窟艺术

李其琼

公元 581 年，隋文帝杨坚，以贵戚地位取北周而代之，继而南下灭陈，结束了近三百年南北分裂的局面。隋文帝的国内政策比较开明，实行均田、薄赋，多少减轻了由长年战乱带给人民的苦难，使人民得到了休养生息的机会。在他执政的二十余年间，不论在政治上或经济上都取得了显著的成果。在尼寺里长大的隋文帝，自小深受佛教思想的熏陶，又加之迷信符谶，他认为，他所以能得天下"乃佛教之力"①。因此他虽然是一个比较能躬行节俭的皇帝，但在提倡佛教这方面却不惜钱财，大写佛经，广造寺塔。于是上行下效，奉佛之风又胜于前朝。例如，开皇十三年（公元 593 年）隋文帝令"于诸州名山之下各置僧寺一所，并赐庄田"②，仁寿元年（公元 601 年）又下诏天下诸州名藩起塔，并派"沙门三十人，谙解法相，兼堪宣导者，各将侍者二人，并散官一人，……分道送舍利，往前件诸州起塔……所司造样，送往当州……限十月十五日午时，同时入石函，总管刺史以下，县尉已上……停常务七日，专检校行道，及打刹等事……"③。他采用行政命令的方式，让刺史、县尉以上官吏以推行佛教为公务，确为历代所罕见。隋炀帝杨广是一个著名的荒淫奢侈的皇帝，在笃信佛教这一点上也更甚于其父，在他执政的十四年间，造像三千八百五十躯，修故像十万一千躯。至于富户、平民在这种风气下纷纷出钱写经造像或建立寺塔，其所费之巨就更难以统计了。

隋王朝对于经营河西，交通西域，发展对外贸易不遗余力。大业三年（公元 607 年）隋炀帝曾派黄门侍郎裴矩到敦煌招致西域商人；大业五年（公元 609 年）又派裴矩到张掖筹划二十七国交易会。隋炀帝亲自出巡河西，各国使者"皆令佩金玉、被锦罽，焚香奏乐，歌舞喧噪"④，张掖一带百姓皆盛装观看，队伍长达数十里。于此可见隋王朝对河西的重视。

据王邵的《舍利感应记》说，开皇十三年令各州建舍利塔时，"瓜州于崇教寺起塔"，而崇教寺就在莫高窟⑤。这说明了隋王朝对佛教的倡导远及敦煌，所以从开皇到大业短短三十余年间，洞窟大量增加。莫高窟现存隋窟多达七、八十个，比现存早期二百余年间所开洞窟的总数还多一倍，这显然和统治者的悉力倡导有密切关系。同时，我们看到，由于隋朝统治者是推崇大乘教，所以敦煌石窟出现了大量以大乘经为依据的经变。

"不依国主，则法事难立"，这是晋代僧人释道安总结佛教在中国流行情况的经验之谈，也是历代僧徒遵循的准则。时至隋代，已是国无二主、南北归一的王朝。为适应新的形势，中国佛教徒开始创立自己的宗派，争取皇室的支持。这时首先取得优势的天台教派标榜"圆通"，以宣扬他们融汇贯通从天竺传来的佛教各种教派的精义，同时兼能调和长期存在于"儒"、"佛"之间的矛盾并使南北佛教各派归于一尊。天台宗的出现，无疑迎合了刚刚完成统一大业的隋王朝的需要。

① 《广弘明集》卷十七（《大正藏》卷52，p.213）。
② 《释氏稽古略》卷二（《大正藏》卷49，p.809）。
③ 《广弘明集》卷十七（《大正藏》卷52，p.213）。
④ 《隋书》卷六十七《裴矩传》。
⑤ 武周圣历元年《李克让修莫高窟佛龛碑》。

图1　第302窟中心柱

图2　第282窟窟室内景

图3　第407窟窟室内景

⑥　元·纳新《河朔访古记》卷中.

敦煌隋代洞窟中以大乘佛经为依据的各种经变画的流行，标志着敦煌佛教思想的演变已经突破了早期北方佛教的局限，从而具备了统一时期的隋代佛教的特征。这样的演变，促使隋代佛教艺术以它题材广泛的新内容和对于艺术形式的新探索，大大丰富了敦煌石窟艺术宝库。

## 一　石窟形制

隋代石窟形制主要有三种，大半都是在演变过程中出现的新形式。

中心柱窟，均为大型洞窟，于主室后部凿有直通窟顶的中心柱，其继承前代遗制而略有变化。中心柱后面和两侧面开龛造像，正面一般不开龛，而仅置三尊大像，如第292、427等窟即属此类。中心柱前为比较开阔的前厅，上方作人字披顶，但没有椽间装饰。前厅里，南北两壁及中心柱正面，共置身高三、四米的大立佛像（一佛二菩萨）三铺。前室内两侧塑天王和力士，均身高三、四米。新出现的巨型塑像成为洞窟的主体，中心柱已退居次要地位。

开皇年间还出现了另一种中心柱窟。石窟平面为方形，中心柱下部为方坛，中心柱上部呈倒塔形直通窟顶，塔刹四龙环绕，以象征为须弥山。窟顶前部有人字披，后部有平棊。第302、303两窟就属于这种形制（图1）。第305窟的中心柱则只剩下佛坛，而没有了倒塔。十分明显，这是中心柱逐步蜕变的迹象。后来大业九年（公元613年）前后的洞窟，如第282、280、287、293、295、312、419等窟（图2），连中心佛坛也没有了，仅仅留下窟顶前部的人字披；有时，人字披还移到了窟室的后部，与平顶对调了位置；有的则干脆整个窟顶就是一个人字披。重要的壁画，如各种经变和为数日减的本生故事、因缘故事，多集中在窟顶，从而成为隋代洞窟的又一种独特形制，其性质则从塔庙变成了殿堂。

最主要的窟形是殿堂窟（即覆斗顶窟）。这一种洞窟的平面为正方形，窟顶作覆斗状，窟顶四面呈斜披（图3）。这种形制已见于西魏的第249窟和北周的第296窟等。在隋代窟中，有的正面开龛，有的三面开龛，有的作马蹄形佛床，有的依壁造像，布局多种多样。隋代洞窟以这种覆斗顶的殿堂窟居多，意味着石窟形式的进一步中国化。这种形制与河西走廊魏晋时代覆斗形顶的墓室建筑结构有着密切的关系。

总的来说，隋代石窟形制的变化，主要呈现在窟内布局和内容上。在早期洞窟内，多以说法、禅定和弥勒等塑像为主尊，中心柱四面常以"四相"、"八相"为主题，壁画则着力描绘各种"本生"、"本行"故事。直到西魏、北周时期，殿堂窟内，才逐渐在西壁龛内外塑三五成组的群像。到了隋代则普遍出现了群塑。例如第244窟，正壁一铺五身，南、北壁各一铺三身，共计十一身塑像。多数洞窟在西壁开龛塑像，南北壁的壁画是以佛为主尊并有菩萨弟子胁侍的说法图，其余经变画、故事画则绘于窟顶。一些在建筑空间上很典型的中心柱窟，窟内布局也有所改变，如第292、427窟，以三铺大立佛为主体，形成了一派庄严的佛堂气氛；又于前室塑天王力士等护法神像，这种布局与北齐佛堂相似。据《河朔访古记》：北齐崔士顺于华林苑密作堂，"上层作佛堂，旁列菩萨卫士，帐上作飞仙右转，又刻紫云左转，往来交错终日不绝"⑥。

可见隋代的石窟形制和内部布局，注重摹仿中原寺院，西域石窟的影响已逐渐消失。

## 二 彩 塑

隋代彩塑继承并发展了北周时期的群像形式，在一龛之内以佛为主尊，两侧侍立二弟子、二菩萨或四菩萨，形成三至七身一组的格局。主尊多为佛的说法像及三尊像。由于出现了重层龛口的新形式，群像没有重叠之弊，龛内也显得宽敞开阔。

第427窟是隋代塑像最多的一窟。主室前厅，有三铺共九身巨型立像；中心柱三面开龛，龛内各有一铺等身说法相。前室南、北壁四身巨型天王像，足踏厉鬼，全身盔甲；西壁门两侧一对侍卫力士，裸体束战裙。这是隋代规模最大的彩塑群像，艺术水平也是很突出的，可算得隋代塑像的精华。这些彩塑，都是以木为骨架，束草为坯，先上粗泥，然后以混有棉麻的细泥完成雕塑；泥作完成后再上相粉赋彩。

隋代彩塑已经不再因循北朝时期那种以圆塑、高浮塑和影塑等**多种**形式相配合的老手法，而进入了主体雕塑的发展阶段，塑绘技术都达到了新的水平，因而出现了许多光彩夺目的作品。以菩萨像为例，形体健硕，面相丰腴，有的一手提瓶、一手拈花或持柳枝，有的微屈一膝，重心放在另一条腿上，姿态微微斜欹。这和胸平、肩宽、双腿直立的早期菩萨形象相比，显得更有变化而优美。

隋代塑像在身体比例上，往往有头大腿短的毛病，但是这方面的缺憾并不能掩盖在艺术表现上所取得的可喜成就（图4）。和早期的塑像相比较，在表现性格类型上，如佛像的庄严慈祥，菩萨的温婉沉静，天王的威武庄严，这些特征都更加鲜明。更其重要的是同一类型塑像中出现了多样化的个性刻划。例如迦叶像，这是一位久经磨炼，坚毅沉着的僧侣的典型形象，在这一时期中就明显摆脱了千篇一律的模式化倾向，而有了如方脸、圆脸、笑像、愁像。有的像老态龙钟的梵僧，有的如面貌丰腴的中原比丘。第419窟的老迦叶最为生动，皱纹满面，牙齿残缺，鼻翼两侧肌肉松弛，两眼深陷，深入地刻划出一个饱经风霜的胡僧形象（图5）。

菩萨像有的脸形条长，神态庄严；有的眉棱显露，表情文静；有的额广颐秀，聪慧伶俐；亦有的眉目娟秀，绰约多姿。第416窟龛侧的菩萨，亭亭玉立，身姿微倾，目光下视，表现了女性温婉而矜持的神情。

新出现的巨型天王像，一般还是面貌相似，神情雷同，外表庄严威武，但缺乏内在的力量。但天王足下的厉鬼（地鬼），却姿态各异，生动地表现了在重压下的挣扎；虽然外形丑陋，但不无可爱之处，看得出作者对他们寄寓的同情。金刚力士的塑造，所取得的成就也是值得称道的。匠师用块面来表现骨骼和肌肉用力时的起伏转折，加上咬牙切齿、怒目而视的表情，鲁莽暴躁的性格就被表露无遗（图6）。

早期敦煌彩塑，泥塑完毕即行赋彩，面施"相粉"，口涂朱丹，画眉点睛，使五官清晰，脸色洁白如玉或泛红润光泽；发色青黛，衣饰朱紫，作风淳朴。隋塑赋彩渐趋华丽，以第427、420窟为例，在衣裙上装饰了华美的波斯风格绫锦、织金锦，璎珞项饰均作金装，圆光背光图案亦采用重彩装金手法，使之与塑像互相辉映而更加绚丽，开创了金碧辉煌的时代风格。

早期彩塑面部仅涂相粉，不施晕染，而隋塑则开始使用了晕染的方

图4 第412窟西壁龛内彩塑主尊

图5 第419窟西壁龛内迦叶像（部分）

图6 第427窟前室西壁北侧力士像（部分）

163

图7 第 390 窟西壁龛顶南侧飞天

法。如第 420 窟西壁龛内的阿难像，面颊、眉棱、鼻梁、下颌，都像壁画一样地加以晕染；现在色彩虽已变成棕红，但晕染的痕迹仍然清晰可辨。

隋代彩塑的新风格，还在于它开始摆脱了早期塑像的神秘感，利用了在形象上的写实技巧和典雅富丽的色彩，给神的形象赋予了现实中人的面貌和精神。这种特色的形成，很大程度上是在北周敦煌艺术风格基础上进一步接受了当时中原佛教艺术影响的结果。麦积山牛儿堂的隋代菩萨和第 60 窟的北周菩萨，方脸、直鼻、眼球突出、神情恬和，上身着僧祇支，腰束重裙等等，均与莫高窟第 420、419 等窟的菩萨形象非常相似。这表明敦煌彩塑和壁画一样，不断地受到经麦积山石窟传来的中原风格的影响。

## 三 壁 画

由于石窟性质和佛教思想内容的变化，隋代壁画布局与早期壁画略有不同。一般正壁龛内及龛外两侧画佛弟子及诸天，四壁上沿画伎乐飞天，中部主要壁面画千佛、说法图或经变，下部画供养人及药叉，窟顶则除藻井、平棊之外亦有千佛和经变。壁画的内容大体可分为五类：

一、佛像画

基本上继承早期题材，主要为以佛为主体的说法图，如三世佛、三身佛、七世佛、贤劫千佛，以及佛在不同时期的说法相。此外还出现了新的内容，如第 405、390 窟以观音为主体的说法像以及第 305 窟的降服火龙，等等。

隋代说法图的数量比早期大大增加，同一窟内从几幅增加到了十几幅、几十幅甚至百余幅；如第 244、390 等窟四壁分上中下三段，栉比铺列，多达二十七幅至一百一十五幅不等。画幅亦相应增大，出现了通壁巨构，同时还出现了等身大的佛、菩萨像。

第 204、276 和 427 窟的说法图中，有的以阿弥陀佛为主尊，观音、大势至为胁侍，图下部还画出了微波荡漾的水池，水面上有鸳鸯、仙鹤和化生童子。第 244 窟的个别说法图中又有双龙缠身相交于头顶作二龙戏珠相的菩萨和象头武士，这些可能就是后来经变画中天龙八部形象的萌芽。上述迹象表明，北朝晚期出现的净土变雏形，在隋代已有了进一步的发展。

窟内佛像组合的规模，首推塑绘结合的正面佛龛。龛内除了佛、弟子、菩萨等主像为彩塑而外，其余侍从人物均用壁画来表现，其中有十大弟子、四大天王、金刚力士和诸菩萨。有的还在龛侧或佛座下画出婆薮仙、鹿头梵志等形象作为衬托，以显示佛教与外道斗争的胜利。佛像画中，犍闼婆、紧那罗（即伎乐飞天）是最富有生气的形象（图7），除画在佛龛顶部外，主要画在四壁上部，绕窟飞翔；有的击鼓、有的吹笛、有的倒搊琵琶、有的反弹箜篌、有的挥巾起舞、有的托盘献花，千姿百态，变化多端。敦煌变文中咏颂飞天道："无限犍闼婆，争捻乐器行。琵琶弦上急，揭鼓仗头忙。竞奏箫兼笛，齐吹笙与篁"。诗歌和绘画比照辉映，更觉增添了洞窟的欢乐气氛和艺术感染力。

二、故事画

隋代的故事画主要集中在第 302、419、423、427 等几个洞窟里，其位置大都在窟顶，主要内容有须达拏施象、睒子深山孝亲、流水长者救鱼、尸毗王割肉贸鸽、毗楞竭梨王身钉千钉、月光王以头施人，仙人舍身闻半偈等本生故事和因缘故事，共十余种近二十幅。还有乘象入胎，逾城出家等佛传故事的片段。这些故事画有的作单幅画和组画形式，有的作横卷式连环画。横卷式有一条的，有的并列二条至三条。须达拏本生，隋代共有三处，以第419窟的最为精彩，虽然画幅内无明确的栏格，但故事情节走向仍作"Ｚ"字形三条并列。它的故事情节比早期更为曲折和丰富，不仅细腻地表现了施象、被逐、临行布施、途中施车、施马、施衣、入山修道等主要情节，以刻划须达拏布施无极的精神，而且详尽地描绘了施子一事富有戏剧性的细节。有些场面，如恶少调笑鸠留国老梵志的妻子，画得格外生动。同窟的萨埵本生，同样偏重于细节描绘。如萨埵兄弟途中休息一节，图中可见在林泉间搭起帐篷，三人坐在帐内闲话，帐外有奴仆伺候，三匹马在溪边俯首吃草，毋宁说那是一幅饶有情趣的游猎生活风俗画。敦煌壁画中的故事画发展到隋代已逐渐失去早期作为主体画的地位，尽管技巧纯熟、功力深厚，但在结构形式和突出主题方面，已不如早期的生动活泼、变化丰富。故事画的衰落，正是强调"苦谛"的小乘经教派走向衰落的反映。

三、经变画

在隋代，作为佛经"变相"的经变画，内容开始丰富起来，结构也趋于宏伟，除去图解抽象的教义，还包含着一些故事情节的描绘，画面结构上也适应新的内容创造出新的形式。这类经变画到了唐代，就发展衍变而为中国式的大型经变。

隋代的经变画有"西方净土变"、"弥勒上生经变"、"法华经变"、"维摩诘经变"、"涅槃变"、"药师经变"等数种，表现形式各不相同。西方净土变根据的是《阿弥陀经》，经中说的西方净土世界有"七宝池，八功德水，金沙布地，金银琉璃阶道，楼阁亦饰金银琉璃，池中莲花大如车轮，种种奇妙杂色之鸟，微风吹动宝树出微妙音"，这样的极乐世界图在隋代尚未完备，一般仅如前述在说法图中出现莲池和瑞鸟。只有第393窟突破了说法图的格局，表现了安坐在出水莲台上的"西方三圣"，并用水池、鸳鸯、莲花、化生和宝盖、花树、飞天等，

图8　第393窟西壁西方净土变

花团锦簇地烘托出西方极乐世界的神异景象（图8）。至此，与说法图大异其趣的西方净土变（阿弥陀经变）才初见规模，成为唐代绚烂辉煌的净土变的滥觞先导。

敦煌早期的弥勒菩萨多半塑在洞窟上部阙形龛内，以示弥勒高居兜率天宫，下面绘各种本生故事。这样，绘塑相结合，宣扬经过"忍辱苦修"，来世可以往生弥勒净土。隋代壁画弥勒变中的弥勒菩萨也坐在宫殿里，宫殿两侧有多层楼阁高耸入云，每层之内均有婀娜多姿的天女弹琴奏乐。《弥勒上生经》里说弥勒菩萨所住的宫殿，"四角有四宝柱，一一宝柱有百千楼阁，诸楼阁有千百天女色妙无比，手执乐器"，与壁画完全符合。这样的弥勒经变画幅不大，往往与帝释天、帝释天妃（一说为东王公、西王母）组织在一块壁面上，因而使人难以辨识。

东晋南北朝以来，《法华经》在社会上广泛流行，至隋代开始出现了法华经变的壁画。第420窟窟顶，是这时所绘规模最大、内容最丰富的一铺。法华经变窟顶四披，各为一品，南披为譬喻品，北披为序品，东披为观音普门品，西披或为方便品。南披譬喻品中画一大富长者，身居大宅院中，宅院四面起火，又有各种猛兽、恶鸟、毒虫、魔鬼纷纷出现，而宅中诸子尚在嬉戏。这是比喻人生如居火宅，危在眉睫而不自知。长者于门外置牛车、鹿车、羊车等三乘大车，诱诸幼子脱离火宅。最后长者赐诸子以白牛大车，以喻三乘归于一乘。这个火宅喻正是《法华经》开宗明义的说教。

东披观音普门品中有不少生动的画面，例如上部画胡商赶着骆驼和毛驴翻山越岭，人困畜疲，不幸一头身负重荷的骆驼滚下山崖，摔死在山谷里；又画商队刚下山来便碰上拦路的强盗，双方一场激战，终以众寡不敌，商队战败，货物被劫。画面反映了古代丝绸之路上行旅往来的艰难险阻。

这样布满全顶的鸿篇巨制，技艺精湛，不失为隋代经变画中的佼佼者。

敦煌石窟的维摩变，到隋代略有发展，但画面均较小。维摩诘经变问疾品以维摩诘与文殊师利二人为主体人物，很自然地形成对坐论道的左右对称结构，因而多数都绘于正龛帐门的两侧。第420窟的维摩变具有代表性，维摩诘与文殊师利对坐于两个殿堂中，文殊菩萨探身举手好像正在诘问，而维摩诘居士则从容不迫地挥动塵尾，凭几对答。四众列坐聆听，气氛肃然。殿堂之后有苍翠的林木，前面有碧波荡漾的水池，池中红莲绽开，鸳鸯戏水，孔雀展翅，还有萱草和忍冬点缀在这一优美的环境中。第276窟维摩变则仅以文殊、维摩诘单身像出现于西壁龛外的两侧，省去了场景的描绘，着力于人物的刻划。右侧维摩诘纶巾鹤氅，谈笑风生。左侧文殊形容俊秀，于树下凝神伫立。

莫高窟北周时代出现的涅槃变，到隋代颇有发展，除释迦右胁而卧和众弟子哀悼这一流传有绪的格式而外，画面上还表现了姨母默然支颐，舍利佛自坐火中先佛入灭，老迦叶远道赶来长跪礼足，密迹金刚哀厉悲嚎闷绝于地，等等，已经从整体结构上和人物精神面貌上进一步表现了佛经所要求的境界。

敦煌石窟的经变画晚出于中原。在隋代的洞窟里基本上还处在探索的阶段。东晋末年顾恺之创作了著名的维摩诘画像之后，南朝的艺术品中曾不断地表现这个题材。在北方，西秦时期，炳灵寺才出现了原始形式的维摩示疾图，与文殊变画在一壁。到了北魏晚期，在云冈、龙门、麦积山等石窟里都有了形式不同的维摩变。特别是麦积山石窟的维摩变，已发展成场面大、人物众多的通壁结构。这说明北魏晚期以后，尤其隋唐时代，中原地区的佛教艺术加强了它对西北地区的影响。

值得提出的还有受三阶教的影响而根据《佛说诸德福田经》绘成的"修福七法"。这一题材仅见于北周的第296窟和隋代的第302窟。第296窟仅画五事，并比较简略。隋代第302窟的内容则较为丰富，其中有伐木修塔、彩画堂阁、广施医药为人治病、道旁作井使渴乏者得饮、修桥铺路以过渡行人、植园开池遮荫纳凉等，生动地反映了当时的社会生活场景，有比较浓厚的生活气息。这两幅福田经变似表明，三阶教流传的时间虽短，却也在莫高窟留下了它的印迹。

四、供养人画像

隋代供养人画像继承北周传统，保持着装饰效果和程式化手法，大多画于石窟下部。画像多以发愿文为中心，男女供养人分别排列两侧，一家一族成为一组。一窟之内，少则一组，多则三、五组或七、八组。还有的绕窟一周，多达百余身。

隋代供养人画像，比例适度，面相丰腴，男供养人幞头靴袍，或襦裙大裘；女供养人头饰盘髻，削肩着小袖襦、长裙，形成与前代不同的风格（图9、10）。供养人行列中往往出现一些比较活泼的场面，画出一些车辆、牛马和奴婢随从，有的则描绘成组的伎乐。第62窟成天赐一家供养像后有供养牛车，御者仰首扬鞭，怒目作吆喝状，驱车前进。这些形象大都不是工细之作，表现上比较自由，内容也更接近现实生活，因而有利于画工们抒发自己对于生活的感受。有时仅寥寥数笔，即神情毕露，不失为传神佳作。

五、图案装饰

早期有藻井、平棊、人字披椽间装饰、龛楣、圆光、边饰等作为建筑与造像的装饰。隋代的图案装饰，内容之丰富、形式之多样、制作之精美，都远远超过了早期。装饰纹样主要有莲荷纹、忍冬纹、云气纹、

图9　第390窟北壁下部男供养人

图10  第304窟西壁龛下女供养人

图11  第407窟西壁龛内彩塑主尊

图12  第427窟主室北壁胁侍菩萨
像（部分）

火焰纹、水波纹、兽面纹、双龙纹、垂角纹、联珠纹、蹲狮翔凤纹、圆环联珠纹，又有三兔纹、翼狮纹、飞马纹、对马纹、狩猎纹，以及化生童子、飞天伎乐，等等。

第427窟主室人字披顶脊枋上一条莲荷图案，在碧绿的水池中红莲绽开，直茎的莲花被衍化成了缠枝卷草。莲花里幻化出的裸体童子，或吹横笛，或弹琵琶，天真无邪，惹人怜爱。

三兔纹是隋代藻井图案的新纹样。以第407窟藻井为例，画工巧妙地利用三只兔耳组成的三角形，画出莲花中三兔盘旋追逐的装饰图案。在莲花以外，碧绿的池水变成了蔚蓝的天空，一群飞天绕着莲花翱翔，翩翩起舞。空中流云天花，纷纷飘扬。这些意匠竟使静止的正方形藻井呈现了动的情趣。

忍冬纹已从早期茁壮、朴质的形态，逐渐变得飘逸秀美。第407窟主尊背光（图11）上用线描组成的自由忍冬兽头纹，是隋代引进外来式样的创新之作，它以鼠、兔的头作为图案的中心，身躯即化为忍冬，大胆地把动物和植物的形象融和在一起。

服饰图案也是隋代新开拓的装饰艺术领域。早期塑像和画像的衣饰花纹极为简略，隋代则日益丰富华丽。如第427等窟的佛、菩萨造像所着菱形联珠狮凤纹锦的僧祇支和菱格织金锦裙，皆描画精细（图12）。令人发生兴趣的还有第420窟菩萨所着的圆环联珠狩猎纹锦裙。这一类波斯绫锦装饰花纹的出现，与隋王朝经营河西，打通丝绸之路，开展中西文化交流当有密切关系。隋炀帝曾亲临张掖参加二十七国交易会，丝绸是当时主要的商货。据《隋书·裴矩传》记载，波斯国王曾献给隋炀帝一件波斯锦袍。炀帝命何稠仿造，"稠锦既成，逾所献者"[7]。由于统治者的喜好和提倡，波斯锦流行于西域和河西走廊。近年来在高昌古墓中发现了大量绫锦，其中就出土了那种圆环联珠纹波斯锦的实物。

总的说来，隋代匠师已经善于在中国民族遗产的基础上，融合外国的新机，使图案纹饰新颖、结构严谨、线描潇洒、色彩绚烂、别开生面，成为敦煌图案艺术发展中一个重要的历史阶段。

⑦　《隋书》卷六十八《何稠传》

图13　第276窟西壁

图14　第302窟壁画菩萨面部晕染

图15　第304窟壁画菩萨面部晕染

图16　第420窟壁画菩萨面部晕染

隋代壁画的发展虽然只经过一个很短的时期，但却明显地存在着疏密二体。

密体以细密精致见长，其中以第419、420窟的人物故事画为代表，堪称"工倍愈细"的杰作。第420窟顶部的法华经变场面十分宏伟，图中楼阁耸峙、曲廊蜿蜒、殿宇相接，更有山峦起伏、林木掩映、溪流潺湲，人物鸟兽活动于其间，演出一幕幕饱含寓意的场景。第419窟绘萨埵饲虎图，山林峡谷间的景色描绘独具匠心，萨埵兄弟在射靶、驰马和野兽逃逸的情景细致生动。画面虽已变色，但神采犹在。更为难得的是第427窟中心柱坛沿上的须达拏本生故事画，虽然画迹斑剥，但残存的部分人物形象面貌清晰，色泽妍丽，为这一风格保存了可贵的真面目。

疏体的画法以第302、276等窟为代表，先用赭红线描造型，然后赋彩，笔力畅达、线条流利、色彩淳厚、朴质高雅。特别是人物脸部，薄施渲染，或留素面。由于赋彩比较单纯，至今未变颜色，遂显示出另一派风格。观察画面，其绘制过程亦能看得很分明。

隋文帝诏天下造舍利塔的同时，派有司造样送往各州。这种做法不仅扩大了造像的规模，而且使中原艺术的影响遍于全国。据张彦远的《历代名画记》，隋代著名画家展子虔画过"法华变"，董伯仁也画过"弥勒变"，而且有"楼台人物妙绝古今"的称誉。书中又说："中古之画，细密精致而臻丽，展、郑之流是也"。这说明以展子虔、郑法士为代表的一派精妙绚丽画风，已是中原绘画的普遍风格。不难想见，莫高窟隋代第419、420、427等窟的密体画风，应当是中原绘画艺术影响的结果。

另外，疏体以简练豪放著称，从开皇到大业诸窟如第302、305、282、276等窟(图13)的作者，大约就是河西地区土生土长的民间画师。他们世世代代为创造敦煌石窟艺术，贡献了自己的智慧和血汗，积累了丰富的经验。他们发扬敦煌早期艺术的传统，并以现实生活为基础，创造了简练、淳朴的新风格，既富于敦煌本土色彩，也具有统一的时代气息。

隋代艺术形成统一风格的另一重要表现是晕染法的创新。晕染法是表现人物形象的形体和色彩的重要方法。早期的敦煌壁画已有两种晕染

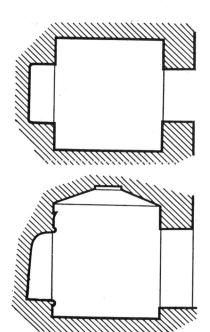

图5 第304窟平、立面示意图

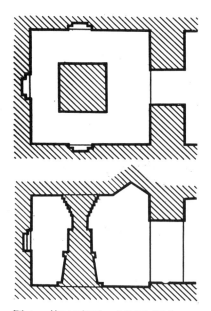

图6 第302窟平、立面示意图

③ 北朝第一期第268窟南北两侧壁的四个小禅室，编号为第267、269、270、271窟，原作素壁。

④ 鸠摩罗什译《妙法莲华经》卷七《观世音菩萨普门品》（《大正藏》卷9，pp.56~58）。

## 第　一　期

隋代第一期石窟，有七个。石窟形制分为四类。

（一）一龛窟　有第250、266、304、309等窟。具有北周同类石窟的特点。窟室平面呈方形，正壁（西壁）开一位置较低的圆券形大龛，浮塑龛楣和龛柱装饰，龛内外塑像，窟顶作方形浅覆斗状（图5）。

（二）三龛窟　仅第305窟一例。有前后室，前室已大半坍毁，后室（主室）平面呈方形，窟顶作覆斗状，正中凿一较高的方坛，坛上塑像，正壁和南北两侧壁各开一位置较高的圆券形龛，龛内塑像。

（三）须弥山形中心柱窟　有第302、303二窟。以第302窟为例：有前后两室。前室前部已残，窟顶作人字披形，南北两侧壁相对各开一极浅的人字形顶小浅龛。前室除这两龛外，均已经后代重绘。后室平面呈方形，中央凿一通连窟顶的须弥山形中心柱。柱座上小下大。柱座之上为柱身，高仅柱座之半，其四面各开一圆券形小龛，龛内外塑像。柱身上方塑覆瓣莲花和四龙，承托"须弥山"，山作上大下小的倒圆锥形，分作六层，每层周圈贴影塑千佛。正壁和南北两侧壁中央各开一位置较高的双层龛口的圆券龛，平面各呈"凸"字形。窟顶前部作人字披形，无仿木结构的影作，唯后部平顶仍影作斗四平棊（图6）。第303窟前后室均不开龛，余同第302窟。这期的三龛窟和须弥山形中心柱窟都是北朝所没有的窟形。

此外，这一期还改绘了北朝第268窟，并对其中原作素壁的四个小禅室加以彩绘③。

### 塑像

第一期的塑像多经后代重修，原塑的仅有第250、304窟。每铺塑像的组成与北周相同，为一佛二弟子二菩萨。主尊倚坐像和结跏趺坐像大约各占一半，不像北朝以倚坐像为主。第302、305窟正壁龛和南北两侧壁龛内的塑像，组成北朝塑像中所没有的三佛。

造型特点接近于北周。形体比例已趋头大、肩宽、下肢短。面部方圆丰满，额低而宽，五官集中，眼鼓、鼻直、嘴小、唇薄、颏微翘（图7、8）。这一时期还有一种外形如同"不倒翁"样式的坐佛像，周身轮廓线圆转，体态粗短浑圆。塑像的衣饰基本因循北周样式。佛多穿通肩或双领下垂式袈裟（图9）。菩萨头戴花鬘冠，多裸上身，系长裙，披巾下垂或于胸前交叉、胸前打结，或作两道横于腹前等（图10）。衣纹亦仍作北周的浅阶梯式，并铺以阴刻线，分布较密，装饰性浓厚。

### 壁画

壁画布局仍为北朝的上下三段式。上段画飞天和凹凸凭台。中段画千佛，千佛中常安插一铺说法图，正壁龛外两侧壁面多绘弟子像。下段画供养人、药叉及三角形垂帐纹，或画供养菩萨。故事画均绘于窟顶人字披上，不像北朝多绘于四壁。壁画内容基本上因循北朝，故事画仍是以"忍辱精进"、"布施修行"的本生故事为主。唯第303窟的《法华经·观音普门品》④为新的题材。故事画和经变画均作横卷式连环画。

壁画中的人物形象和服饰，与塑像基本一致。菩萨像的比例比较适中。有的菩萨像腰部微扭曲，开始表现了女性的曲线美（图版27）。面部造型上，不论菩萨、弟子和飞天，都用写实的手法表现出了眉骨、颧

图 7　第250窟主尊塑像头部

图 8　第250窟胁侍菩萨塑像头部

图 9　第304窟主尊塑像（头部后修）

骨、下颌骨的凸起和眼睛的低凹（图11），这种手法比北朝时笼统地画成椭圆形进了一步。飞天除着菩萨装外，较多地出现了穿右袒袈裟的比丘形象，以及穿犊鼻裤的童子形象。飞天多乘云气，其姿态生动，披巾和冠带、腰带很长，当风飘拂，动感很强。

图11　第304窟西壁龛内南侧壁画弟子

壁画的线描，继续采用北朝的铁线描，但已趋于圆润。

壁画中人物面部的晕染，总的来说是采用西域式凹凸法和中原式染色法相结合的混合染法。它们可分为两型。Ⅰ型　与北周完全相同，用画圈的形式染脸的轮廓和两颊；Ⅱ型　是以中原手法为主并融合了凹凸法特点的晕染法，既晕染了脸的额、鼻、眼等部分，又以两圆形色块晕染脸的两颊（图11）。这一类型的染法是以前所没有的。这时，人物面部晕染，除千佛还保持北朝"小字脸"形式而外，一般已不用白粉点染两眼和鼻梁的高光。由于变色，隋代壁画中人体及面部的颜色现在多呈赭褐色或灰色，晕染部分的颜色变得更深。

**图案纹样**

第一期的龛楣图案，有忍冬纹、火焰纹、盘茎莲荷忍冬纹（后者在中期继续出现，详见后文），都是沿用北周的龛楣纹样。

窟顶人字披与平顶连接处，以及中心柱柱座四周上沿的长条带状边饰纹样，比较简单，仍保持北朝的形式，由若干条不同纹样的短边饰组成。其纹样主要有单叶藤蔓忍冬纹、双叶交茎套联忍冬纹（图12），也是沿用北朝的纹样，但敷色比北朝丰富。

第一期的窟顶藻井都是"交木如井，画以藻文"⑤，即藻井中央叠

图10　第304窟胁侍菩萨塑像

⑤　宋·李诫《营造法式》卷二《总释》下斗八藻井.

图12　第303窟人字披顶与平顶连接处的双叶交茎套联忍冬纹边饰

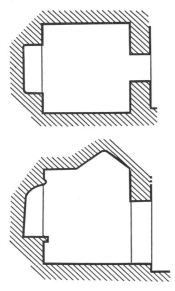

图13 第305窟窟顶藻井

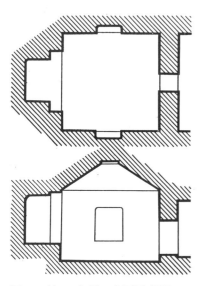

图14 第423窟平、立面示意图

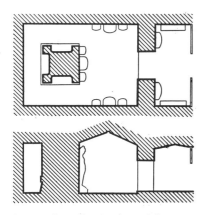

图15 第420窟平、立面示意图

图16 第427窟平、立面示意图

套抹角的斗四方井。井内绘水涡纹，井心饰状似圆轮的倒垂大莲花，在叠套的三角形内，或饰圆莲的一角，或饰飞天，或饰忍冬状火焰纹。方井外四周依次饰忍冬纹边饰、莲瓣式纹样、垂角和帷幔。其中莲瓣式纹样和垂角多只填色而不绘纹饰，唯第270、305窟藻井的莲瓣式纹样内饰以圆形小莲花，并在垂角内饰对叶忍冬纹（图13）。显然，这种藻井形式和所饰纹样，同北朝仿木结构的藻井是一脉相承的。

## 第 二 期

隋代第二期石窟，有三十四个。石窟形制分为三类。

（一）一龛窟　为第二期的主要窟形，多有前、后室。后室（主室）平面呈方形，正壁开一龛，龛内塑像。这类窟形按其窟顶和龛形又可分为两型。Ⅰ型　有第436、433、425、423、422、419、418、417、416、404、402、253、262等窟。窟顶前部为人字披，后部为平顶。人字披顶比初期增宽，与平顶约各占窟顶之半。平顶已无仿木结构的影作斗四平棊。龛多作圆券形。龛的位置普遍升高，进深较浅。龛楣、龛梁、龛柱等龛的装饰全部作浮雕的情况，已趋减少，而改变为半绘半塑，或者全部绘出，个别洞窟甚至已无龛饰（图14）。第425、417、404、402诸窟内，已不作圆券形龛，而作Ⅱ型双层龛口、平面"凸"字形的龛。Ⅱ型有第434、421、414、413、412、411、410、407、406、405、403、315等窟。此型窟窟顶呈方形覆斗状，龛多作双层龛口、平面作"凸"字形，龛顶剖面除极个别为圆券形外，多作斜披形，与龛壁连接处剖面呈弧线，龛的进深较大。在高度上，内龛略低于外龛。龛口多作圆角方口。这种比较高大而宽敞的"凸"字形双层口龛，比一般的圆券形龛有更充裕的空间安置较多的塑像。内龛装饰龛楣、龛梁和龛柱，外龛则仅在龛口周沿绘边饰图案。唯个别圆券形双层口龛，内外龛均浮塑或绘制龛楣之类装饰。Ⅱ型窟中，只有第421、403两个窟，仍作一般的圆券形龛。Ⅲ型　多是小窟，窟顶作人字披形，正壁开一圆券龛，无双层龛口，如第293、295、312、274窟。此外，还有不开龛的第429窟。

（二）三龛窟　仅第420窟一窟，分前、后室。前室平面呈横长方形，顶作人字披形。后室平面呈方形，窟顶作覆斗形，正壁开一"凸"字形双层口龛，南北两侧壁相对各开一圆券形龛。龛较深，龛内塑像，龛口绘边饰图案一周。三个龛位置都较高（图15）。

（三）中心柱窟　仅第427、292二窟，都是有前后室的大型窟。前室平面呈横长方形，其后壁（西壁）和南北两侧壁置塑像，窟顶作人字披形。后室（主室）平面呈长方形，其形制与北周中心柱窟相同，唯柱的正面（东向面）不开龛，而是与南北两侧壁的前部一样，各贴壁塑一铺立像（图16）。

综上所述，隋代第二期的石窟形制同第一期及北朝相比，虽然继承了人字披顶和平顶以及圆券形龛等旧形式，但毕竟已起了很大的变化。

**塑像**

第二期主尊多为结跏坐佛像，倚坐佛像数量较少。此外，还有一些大型立像。第427、292窟后室中心柱前的三铺立像，每铺均由一佛二菩萨组成。三佛像几乎完全相同，都着通肩袈裟，直立，右手扬掌作施无畏印，左手作与愿印。第405、404、402窟后室正龛内塑结跏坐佛像，南北两侧壁说法图中分别绘倚坐菩萨像和结跏坐佛像。这是采用绘塑结合的手法表现过去（北）、现在（中）、未来（南）三世佛。这时，在一些石窟的前室还增塑了北朝所没有的天王、力士像，现保存完好的有第427、292两窟，其它还有一些石窟（多为大、中型洞窟）发现有天王、力士塑像的残痕。这表明第二期塑像的组合，除北周的佛、菩萨和弟子外，又增加了天王、力士，已为唐代石窟塑像的组合奠定了基础。

第二期塑像的造型风格可分两型。Ⅰ型　人体比例不十分协调，头大，上肢长，下肢短。躯体宽厚而丰满，肩阔、腹圆、胯部较宽，开始注意表现人体的曲线美（图17）。面形呈上大下小的梯形，圆中见方，额宽而不甚高，鼻梁亦不高。五官棱角较为清晰，眉骨势如刀削，鼻梁中间的面特别窄，几乎细成一条线。脸的正面和两颊（侧面）三个面的转折关系清楚。总之，面部形体的变化，多作硬线条的转折，而较少作圆转的曲线（图18、19）。从整体效果看，塑像的形体厚重敦实，有的竟如同石雕。同时，此型塑像已注意区别表现各类造像的性格特征，如佛的庄严、菩萨的恬静、弟子的虔恭及天王、力士的孔武等。此型塑像的衣饰比较讲究。菩萨像头戴低矮的桃形三珠冠，冠带和肩饰长垂胸前，发分两股，不见发髻，上身赤裸或穿斜领僧祇支，佩戴圆形或桃形的项饰，胸前多垂短璎珞，亦有少量垂挂至两腿的长璎珞，下系两层裙，**裙**稍短而贴身（图20）。天王穿皮甲和皮靴，力士着菩萨装，但都头戴三珠宝冠、披巾。塑像衣饰的褶襞趋于写实，并有疏密变化，褶纹概括简练,这时已不用阶梯纹。一些保存完好的佛、菩萨像的衣服和饰物上，或贴以金箔，或彩绘厚重艳丽的图案纹样，或施彩并辅以贴金，以示衣着

图17　第420窟主尊塑像

图18　第412窟主尊塑像头部

图19　第412窟北壁胁侍菩萨塑像头部

图20  第412窟北壁胁侍菩萨塑像

锦绣，身披珍宝。这一型风格的塑像，以第427、292、420、419、412、407、406、404、403、402窟较为典型（图版46～54）。Ⅱ型　人体比例较为协调适中，身材窈窕修长，但躯体扁平少有起伏。面形条长，圆润、清秀，下颏短而略尖。衣饰简单，不施彩绘纹样。这一型塑像以第436、434、253、262、417、416、315窟较为典型（图版29、31）。

**壁画**

第二期壁画内容有显著变化。本生故事画仅在四个窟中有六幅，已退居次要地位。经变画在九个窟中现存有二十幅，数量上已大大超过本生故事画。经变内容有《维摩》、《法华》、《涅槃》、《弥勒上生》、《药师》、《阿弥陀》等。这个时期经变画刚刚出现，其内容和构图都比较简约，只表现一部经中的一品至数品，或一部经中最有典型性的场面。

维摩诘经变　见于第423、417、433、420、419、262等窟。主要是画《维摩诘所说经》的《文殊师利问疾品》[6]。画面分作两幅（个别作一幅），表现文殊师利和维摩诘各居一室（个别共居一室），对坐辩论，室内外有诸听法者，如弟子、菩萨、天王、俗人等。第262窟增绘《不思议品》[6]，画面在上述对坐的文殊师利和维摩诘之间，绘出手托须弥山站立在大海中的阿修罗。

法华经变　这时主要画《妙法莲华经》中的《序品》、《方便品》、《譬喻品》、《见宝塔品》、《观世音菩萨普门品》等[7]，可见于第420、419窟。序品画面表现释迦牟尼佛在灵鹫山为大众广说无量义经（《法华》）以及佛说法后的涅槃。方便品画面表现佛以种种成佛的方便为大众说一乘大法，化导众生。譬喻品画面表现住宅的朽败崩坍、魑魅魍魉出没其间以及住宅起火的各种危险场景，又表现长者诸子在火宅中游戏，长者以羊车、鹿车、牛车（即三乘）拯救诸子脱离火宅，最后给诸子一乘大白牛车，以喻一乘大法。见宝塔品画面表现释迦牟尼佛与多宝佛共坐于七宝塔内的狮子座上。观音普门品画面表现观世音菩萨救诸苦难和为众生化现三十三身。

涅槃变[8]　见于第295窟。画面中央为佛右胁侧卧而入灭。佛后环立悲恸的众弟子，其中一老妪俯身痛哭，佛前坐着悲伤的摩耶夫人和先佛自焚的舍利弗。

药师经变[9]　见于第436、433、417窟。画面中央为结跏坐的药师琉璃光佛和侍立左右的日光、月光菩萨，两侧为跪拜的十二药叉大将，在人物的前面布置了供养药师佛的七层灯轮和五色长幡。

弥勒上生经变[10]　见于第416、417、423、436、419窟。画面中央表现兜率天宫和宫殿中坐在狮子座上说法的弥勒菩萨，主殿两侧绘重层殿，每层殿内天王或天女奏乐舞蹈。殿堂两侧上方绘北朝以来传统形式的帝释天、帝释天妃，以示诸天赴会。殿堂下方两侧，一侧是弥勒菩萨为一长跪男子授记，另一侧是弥勒菩萨为一长跪菩萨说法。

阿弥陀经变[11]　见于第433窟，画面中央为阿弥陀佛和观世音、大势至菩萨，周围有众弟子和菩萨围绕，他们都坐于或立于莲座上，下面有水池莲花。

上述经变画所据各经，皆属大乘佛典。与前述塑像的题材联系起来看，在隋代中期，大乘题材已占据突出的地位。

上述经变画的构图及表现形式各不相同，维摩诘经变突出文殊师利

⑥　鸠摩罗什译《维摩诘所说经》卷中《文殊师利问疾品》第五、《不思议品》第六、卷下《香积品》第十（《大正藏》卷14，pp.537～557）。

⑦　《妙法莲华经》之《序品》、《方便品》、《譬喻品》、《见宝塔品》等（《大正藏》卷9，pp.1～62）。

⑧　后秦·佛陀耶舍共竺佛念译《长阿含经》卷二《游行经》（《大正藏》卷1，pp.11～30），又见东晋·法显译《大般涅槃经》卷下（《大正藏》卷1，pp.202～207）。

⑨　东晋·帛尸梨密多罗译《佛说灌顶拔除过罪生死得度经》卷十二（《大正藏》卷21，p.532）。

⑩　沮渠京声译《佛说观弥勒菩萨上生兜率陀天经》（《大正藏》卷14，pp.418～420）。

⑪　曹魏·康僧铠译《佛说无量寿经》（《大正藏》卷12，pp.265～279）。鸠摩罗什译《佛说阿弥陀经》（《大正藏》卷12，pp.346～348）。

和维摩诘双方的辩论；涅槃变以佛的入灭为中心，铺排各种人物悲恸的情状；东方药师经变、弥勒上生经变、阿弥陀经变各以中央说法的主尊及其左右大菩萨为主展开画面，构图上，有的虽与北朝说法图较接近，但已从说法图脱颖而出，表现了几种经变的简单内容。总之，隋中期经变画的构图及其所表现的内容，已初具唐代经变画的基本特征。以横卷式连环画形式表现的法华经变，已不像北周和隋代第一期那样拘泥于情节的连接，而是有选择地突出了重点，画面构图比较自由。

千佛是北朝至隋代第一期的传统内容，到这时更为突出，在有的石窟中布满了四壁和窟顶，这是从未有过的，可能是隋代在盛行大乘的同时仍继续重视禅修的一种反映。

第二期壁画布局，四壁壁面仍多为北朝和隋初期流行的上下三段式安排。但在少数石窟中出现了以前不见的上下二段式安排，即上段画千佛，下段画供养人。这种二段式布局至隋晚期和唐代逐渐增多。窟顶除安排经变画和本生故事画外，更多的是安排千佛。

第二期壁画人物形象的比例和造型与彩塑基本一致。但这时菩萨的动态比以前自由活泼，腰身细长窈窕（图版70、71）。飞天姿态多样，很多石窟佛龛顶部画成排成行的飞天在片片浮云中遨游穿行，盘旋萦回，飞翔、舞蹈、跳跃，可谓千姿百态。飞天姿态之生动活泼、数量之多，都超过了前代（图版86）。

这时壁画中人物面部的晕染，大体因循初期两种类型的染法，但以Ⅱ型为主，Ⅰ型已很少见。Ⅱ型用两圆型色块涂染两颊的画法，还施用于塑像的面部，这在第420窟正龛内北侧阿难像的面部还能看到。

第二期的壁画风格，同塑像一样，也可分为两种类型。Ⅰ型 是这个时期出现的新风格，以第427窟中心柱座沿上画的须达拏本生长卷连环画为代表作品。画面精致细腻，构图紧凑而有节奏，人与景物的比例关系已趋合理。人物主要以线造型，线条纤细圆润、富于变化，脸部不施晕染，点划五官工细清晰。画面色彩比较丰富，除继续使用初期的土红、毛绿、蓝（青金石、又称天然群青和佛青）、白、黑、花青之外，还用砾砂、石青、石绿，并贴以金箔，故色调浓厚而艳丽。图中穿交领大袖长袍的人物是中原汉族上层人物的形象，房屋、树木、车马都画得比较写实。Ⅰ型壁画（如故事画、千佛和图案纹样），多与Ⅰ型塑像同窟。其中千佛是用中国传统的平涂法设色并以线描造型；图案纹样线条工细，设色讲究，常作层层叠染，色调富丽厚重。上述特点表明，此型壁画具有浓厚的民族风格。Ⅱ型 是北朝和隋代第一期风格的继续，多以土红线起稿，敷色薄，不再描定稿线；除地色为土红外，仅黑、白、蓝、毛绿、花青等简单的几种颜色，色调比较素朴、淡雅。Ⅱ型千佛仍作北朝和隋初期的"小字脸"。Ⅱ型壁画与Ⅱ型塑像亦在同窟中出现。

### 图案纹样

第二期的龛楣图案均由盘茎莲荷忍冬纹和火焰纹组成。按纹样的形态和绘画风格，分为两型。Ⅱ型 是第一期形式的继续，即在曲折起伏的长茎上，间隔点缀着仰莲和覆莲，莲花形态单一，变化少，花上绘伎乐童子或火焰宝珠，忍冬叶形肥大，填满了空间。龛楣周边饰忍冬组成的火焰或写实的火焰纹。这一型龛楣纹样的线描和用色，属于壁画的Ⅱ型风格（图版65）。Ⅰ型 纹样的组织同第一期，但莲花和忍冬的形态更趋写实。莲花有正反仰覆等各种姿态，并因忍冬荷叶的衬托，使多姿

图21　第427窟人字披顶脊枋盘茎
莲荷忍冬纹图案

图23　第420窟西壁龛内菩萨塑像
裙上环形狩猎联珠纹

图24　第427窟主室北壁左胁侍
菩萨塑像僧祇支上狮凤菱格纹

的莲花得以突出。忍冬荷叶与莲花之间的比例较前合理，构图疏密错落有致。这时，伎乐童子增多，火焰宝珠贴金。龛楣周边饰写实的火焰纹。有的洞窟火焰纹很宽，与盘茎莲荷忍冬纹几乎各占龛楣的一半。Ⅰ型纹样的用线和敷色同于Ⅰ型壁画的风格（图版104）。

　　第二期的边饰主要是藻井井心外周边框、龛口周沿、人字披顶中央起脊处、四壁和覆斗形窟顶各披连接处的带状图案装饰。这时的边饰都是长边饰，即每条边饰只作一种二方连续的纹样。北朝和隋初那种由若干不同纹样的短边饰连接组成长条边饰的形式已不见。这时的边饰纹样主要有（一）单叶藤蔓忍冬纹；（二）条形联珠纹，即在蓝色长带上连续绘饰白色圆珠（图版102）；（三）各种环形莲花联珠纹，即在连续的环形联珠内，填绘四瓣、六瓣、八瓣等不同形态的小莲花（图版103）；（四）环形翼马联珠纹，即在连续的环形联珠内，填绘姿态各异的翼马；有的洞窟还在（三）、（四）两种纹样的两侧加饰条形联珠纹；（五）盘茎莲荷忍冬纹，其纹样的组织和特点，同Ⅰ型龛楣图案基本相同（图21）。

图22　第407窟窟顶藻井

第二期洞窟窟顶现存的藻井图案中，旧的斗四方井形式已很稀少，井心多饰新纹样重瓣八瓣大莲花，方井四隅各饰八瓣莲花的四分之一，或饰盘旋的飞天（图22），也有的饰盘茎莲荷忍冬纹。方井外周边框纹样多同于初期，但也有少量洞窟图案趋于繁缛，如第421、403窟边框纹样多达五层，有单叶藤蔓忍冬纹、饰小花的莲瓣、饰圆形莲花和对叶忍冬的垂角帷幔，此外还增加了条形联珠纹、饰小花的方块纹等纹样。

塑像服饰图案，由于塑像多被重修或重妆，服饰图案的原作已很少见。纹样主要有（一）环形狩猎联珠纹，即在环形联珠内，绘一名穿翻领（或圆领）小袖长袍的骑象武士持棒回身打击扑来的猛虎（图23）；（二）环形莲花联珠纹，与边饰图案纹样（三）基本相同；（三）莲花联珠棋格纹，即在环形联珠内填绘圆形莲花，环形联珠外套饰方格或菱格；（四）狮凤菱格纹，即在菱格四边饰以点线，菱格内填饰狮子或凤鸟（图24）；（五）几何形人字纹；（六）几何形斜格纹；（七）几何形彩条纹。在塑像的服饰上彩绘图案，是自隋中期开始的，形式多变，纹样新颖，色彩艳丽。

# 第 三 期

隋代第三期石窟，现存三十九个。石窟形制分为三类。

（一）一龛窟　与第二期的一龛窟形制基本相同。具体又可分为三型。Ⅰ型　大致同于第二期Ⅰ型，但窟顶前部为平顶、后部为人字披形，与第二期的前部人字披形、后部平顶相反。这一型窟有第391、255、278等窟。Ⅱ型　基本同于第二期Ⅱ型，为第三期的主要窟形，有第314、58、59、63、64、276、277、283、284、400、399、398、397、396、394、392、390、389、388、379等窟。其中有少量"凸"字形双重龛，外龛进一步加深，龛顶平（图25）。还出现了一种不分内外龛的口大底小的敞口龛，如第388、276等窟（图26）。龛的装饰均是绘制，已不见有浮塑。Ⅲ型　同第二期，有第317、318、395、362等窟。

（二）三龛窟　与第二期基本相同，有第56、401、383窟。

（三）无龛窟　数量少。后室（主室）平面呈方形，不开龛。其中第279、244二窟，沿正壁和南北两侧壁筑马蹄形土坛，坛上塑像，窟顶作覆斗形。第280窟正面塑像，窟顶前部平顶，后部人字披形（图27）。第281、313、393窟，无塑像，顶作覆斗形。第429、298窟，无塑像，顶作人字披形。

隋代第三期多种石窟形制的存在，反映了石窟寺发展演变的进程，例如在覆斗顶一龛窟中出现了敞口龛，表明唐前期覆斗顶敞口龛窟已成雏形。

**塑像**

第三期的塑像题材与第二期基本相同，三世佛比第二期略有增多，除第二期绘塑结合的形式外，亦有作三铺塑像的形式。

第二期塑像的两种风格，这时已趋统一。过去头大身短比例不当的现象发生了变化，两肩和胯部变窄，身材变得协调匀称，趋于修长。面部造型饱满圆润，丰腴适中（图28）。菩萨像进一步女性化，面目清秀，动态轻盈。一些菩萨像一腿微曲，重心置于另一直立的腿上，造成自然斜欹的姿态，表现了女性的婀娜。菩萨像的衣饰趋于复杂，头戴火

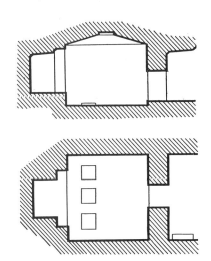

图25　第390窟平、立面示意图

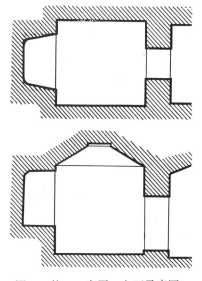

图26　第388窟平、立面示意图

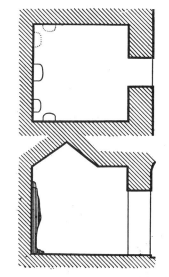

图27　第280窟平、立面示意图

图28　第244窟主尊塑像

图29　第244窟北壁胁侍菩萨塑像

焰三珠宝冠，上身穿双肩或一肩系带的背心（僧祇支），敞胸，披巾，戴项饰，下穿两层长裙，裙摆覆于脚面，腰带长垂（图29）。胸前至两腿垂挂长璎珞。项饰和璎珞都浮塑出珠光宝气的饰品。晚期塑像的衣纹处理手法趋于成熟，多为较圆润的线条，褶纹有疏有密、有虚有实，不仅开始表现了衣服的质感和褶纹的动势，还能透过衣服看出人体肌肉的起伏，既写实逼真，又有装饰效果。

**壁画**

第三期壁画继续描绘维摩、东方药师、阿弥陀、涅槃等经变题材，本生故事画已经消失。而说法图成为最主要的题材，不仅数量增加，而且画面增大，在一个壁面上，安排一幅、二幅、数幅乃至数十幅不等。有的洞窟，除正龛外，四壁的上段、中段都布满了说法图。作为护法神的天王，这时不仅继续在前室塑造，而且还绘于主室的前壁（东壁）。一些洞窟主室前壁门上绘七佛。有的主室正龛龛外两侧壁面上方绘佛传中的乘象入胎、逾城出家。有的正龛龛外两侧壁面各绘一身菩萨立像，似为观世音和大势至。随着说法图的增多，四壁的千佛数量相应减少了。自北周至隋代第二期流行的飞天和凹凸凭台（天宫栏墙）已不多见。

四壁壁面布局，多作上、下两段安排。上述经变、说法、菩萨、天王等各项内容，都安排在上段，下段画供养人和药叉。壁面上段画飞天和凹凸凭台的洞窟已经很少。窟顶多画千佛，有的则在覆斗顶四披象征性地绘几个大千佛。还有的覆斗顶藻井四周绘飞天（图版187）。经变画已经很少绘于窟顶。总之，窟顶绘千佛，壁面分上下两段，其中占大部分壁面的上段画整铺大说法图，正龛两侧画单身菩萨，这样的布局与初唐已相当接近。

壁画中的人体比例、造型及服饰与塑像基本一致，但身材更显得修长，特别是菩萨像。菩萨头梳高髻，也是以前没有的。菩萨面目圆润清秀、恬静安详，身材窈窕丰满（图版125、141）。飞天大体同第二期，这时发式作中分披发，巾带比以前更长并多转折。男供养人身贯圆领长袍，脚穿靴，头裹平顶幞头。幞头四脚，两脚垂于前额，两脚垂于脑后。女供养人的动态比以前活泼多样，服饰基本同前，但披帛的披戴形式有变化，除原来垂于身体两侧的形式外，还有垂于胸前或垂于胸前又绕双手而下垂等形式。上述壁画形象上的一些特征，已同初唐石窟较为接近。

第三期的山水画，比第一、二期有了较大的突破和发展，大体说来有两种表现形式：一种是以土红线勾勒出山势结构和文理，山间点缀树木，再施以清淡的赭红、青色渲染（如第276窟壁画）。这种山水画，与北朝和隋代第一、二期比较，已能准确地把握山的比例和结构，有较好的质感（图版124）。另一种是以土红线勾勒出山的轮廓结构，然后以淡赭红和淡青色相间，一块一块地平涂，最后描出定稿线（如第280窟壁画）。这种山水画不像前一种那样能把握山的形态和质感，但有浓厚的装饰性，可以看作是第一、二期山水画风格的进一步发展。

第三期画树已形成一种统一的方法，都是用粗细不同、虚实相间的土红线勾出树干、树枝和树叶，表现出不同树种的形象特点，然后施以清淡的色彩；同时采用深浅两种绿色，分别染树叶的正面和反面，表现老树和幼树，鲜枝和干枝的不同质地，作风写实。

第三期壁画分别继承了第二期壁画风格的两种类型。Ⅰ型　画面精致，结构严整，用笔工整，敷色厚重。代表这一类型风格的有第282、314、401、397等窟。Ⅱ型 以这时期为数众多的说法图为例，画面上人物少，构图疏朗，一般多用流畅而粗放的土红线造型，面部和身体不施晕染或略施淡彩，敷色后不再勾定稿线。衣饰、华盖、器具、树木敷色，色种简单，仅有青、土红、绿、白、黑等，色调素净淡雅。这一型风格的壁画，运用中国传统的线描技法造型，取得一定成就。如第276窟正龛外北侧的维摩诘像，人物近于白描，略敷淡彩，主要用熟练而富有变化的土红线，成功地描绘了一个精神抖擞、机智善辩的长者，达到了形神兼备。Ⅱ型风格的壁画，见于第276、277、278、279、280、281、283、284、298、313、426、398、396、394、393、390、389、388、380、62、63、64等窟。

### 图案纹样

龛楣图案纹样与第二期相同。

边饰图案出现了环形对马联珠纹，即在环形联珠内，中央绘一树，树两侧系一对翼马（图版120）。又有环形卷瓣莲花联珠纹，即在环形联珠内填饰一枚叶瓣翻卷的莲花（图30）。

唐代藻井小而深、周沿图案层次多的特点，已在此时初见端倪（图31）。第二期井心饰重瓣八瓣大莲花并环绕盘茎莲荷忍冬纹的藻井，此时仍被沿用，但有所变化，中央大莲花施加了多层叠晕，四周的莲花上不置童子，或只将童子置于四角（图32）。新出现一种井心仅绘一朵重瓣八瓣大莲花的纹样。此外，在个别洞窟中还可看到传统的斗四方井的残迹，其井心饰重瓣八瓣大莲花，花心内绘四色色轮，井内桁条上已不用忍冬纹，这都是以前所没有的。这时，还有个别井心内大莲花的花瓣作细腰状（图版161），系初唐常见的形式。第三期藻井井心周沿边框图案中已很少用忍冬纹，代之以白粉点画的不同形态的小花纹样。有的垂角上只敷色而不绘花。上述表明，通过不断的探索和创新，第三期酝酿着更新的藻井图案，一些纹样后来流行于初唐。

第三期塑像由于后代重妆重修太多，服饰图案已很难看到。

## 年代的推断

隋代石窟中，有明确开凿纪年者共有四处，这是推断时代最直接的证据。我们根据这些题记，并结合各期石窟的特征，对上述三期的时代试作推论。

第一期石窟的时代

第302窟中心柱北向面柱座中央发原文末尾记："开皇四年六月六日"。又第305窟北壁龛下东侧发原文文首记："开皇五年正月"。由这两方题记，可以确定第302、305窟开凿于隋开皇四、五年（公元584—

图31 第389窟窟顶藻井

图30 第401窟西壁龛周沿环形卷瓣莲花联珠纹边饰

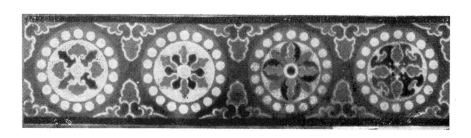

图32 第390窟窟顶藻井

图33 第390窟北壁下部供养人及题记

⑬ 《周书》卷七《宣帝纪》；《隋书》卷一《高祖纪》；敦煌石窟遗书S.3935《太集经》卷十八题记："开皇三年岁在癸卯（公元583年）五月廿八日，武侯师都督来绍遭难在家，为亡考妣发愿……又愿家眷大小，福庆从心，诸善日臻，诸恶云消，王路开通，贼寇退散，疫气不忏，风雨顺时，受苦众生，速蒙解脱，所愿从心。"

⑭ 《隋书》卷二《高祖纪》。

⑮ 1.开皇元年（公元581年）隋文帝普诏天下，任听出家，仍令计口出钱营造经像。见《隋书》卷三十五《经籍志》．2.开皇三年（公元583年）诏令修复北周废寺。见①．3.开皇四年（公元584年）命天下凡北周入官而未毁之佛像，重行安置。见《历代三宝记》卷十二．4.开皇十三年（公元593年）下诏修复北周所毁的废像遗经。见《历代三宝记》卷十二．5.开皇二十年（公元600年）下诏禁止毁坏佛、道等像。见《隋书》卷二《高祖纪》。

585年）前后。与这两个窟有共同时代特征的第一期诸窟，它们的时代大致也应相当于开皇初年。

这些第一期石窟的石窟形制、塑像、壁画的题材与形象以及图案纹样等方面与北周石窟相比，有不少相似之处，说明了隋代初期石窟与北周石窟之间紧密的承接关系。尽管已有了不少新的发展，但总体上看仍基本是敦煌地方特色的延续。再看隋代初年的历史情况。北周末年武帝曾诏令灭佛⑫，随之而来的是改朝换代。周末隋初，吐谷浑、突厥连年侵犯边境，骚扰河西地区⑬。外族入侵暂时平息后，隋王朝的力量又集中到南方，着手平陈的战争⑭。所以，隋代初期的十来年里，处于边远地区的敦煌不太可能有重大的发展变化，中原对敦煌也不太可能有重大的影响。此外，隋初变革周风，重兴佛道，也须经过一定的过程⑮。开皇九年（公元589年）平陈以前，隋王朝只占据北方半壁江山，敦煌石窟里还不会出现南北统一后的新内容和新形式，不具备第二期石窟各方面的特征，诸如修建一批大中型石窟，高敞而深的"凸"字形双重口龛，头大身短、造型上进一步中国化的塑像，大乘经题材的壁画大批出现，精致细密的绘画风格，各种纹样的环形联珠纹和条形联珠纹，饰重瓣八瓣大莲花的藻井图案等。故此，莫高窟隋代第一期石窟的时代大致相当于隋灭陈以前的这段时期，其下限应为开皇九年（公元589年）或略晚些。

第三期石窟的时代

1．第390窟北壁下部上排供养人（图33）题名有"因□□□幽州揔管府□□（长史）……供养"。虽姓名已不可见，其地名和职官尚清晰可辨。有关的史实如：

《隋书》卷二十八《百官志》下：隋文帝时"州，置总管者，列为

182

上中下三等。总管刺史加使持节"。"炀帝继位，多所改革。……罢诸总管"，"罢州置郡，郡置太守。……罢长史、司马，置赞务一人以贰之。"

《旧唐书》卷一《高祖纪》：唐武德元年五月甲子"罢郡置州，改太守为刺史"。同年六月庚辰，"诸州总管加号使持节"。武德五年"八月辛亥，以洛、荆、并、幽、交五州为大总管府"。武德七年二月"改大总管府为大都督府"。

由上可知，总管府的建制，置于隋文帝时代，到隋炀帝时即予以废止，唐初高祖时又曾复置。幽州总管府存在的具体时间只可能是：隋开皇元年（公元581年）至仁寿末年（公元604年），或者唐武德元年（公元618年）五月至武德五年（公元622年）八月。因此第390窟的年代，也只能是在这两段时间之内，而且依此窟的位置和特点，建造时间似应在后一段，即武德初年。

第390窟位于莫高窟南区北侧上层，以南有四十一个隋窟，以北仅五个隋窟。这批隋代风格的洞窟是紧接同层北朝诸窟由南而北成组成批地依次开凿的，一般来说，愈靠北时间愈晚。第390窟在诸隋窟中离开北朝石窟较远，无疑其开窟时间也是较晚的。

第390窟是个有前后室的大窟，后室（主室）平面呈方形，正壁开一圆角方口的"凸"字形双重大龛，窟顶覆斗形。塑像虽经重妆，但尚能看出其面部圆润清秀，身体丰满修长，衣饰复杂（图34）。四壁中段壁面全部绘说法图，其数量多达一百一十一铺（图版163）。壁画风格清淡素朴，人物以土红线造型（图版164、165）。女供养人身材颀长，上穿小袖窄衫，下系长裙，披帛的形式较自由，动态活泼多姿（图35，图版167、169）。上述特征均不属于第一期或第二期，而应列为第三期。

综上所述，此窟无疑应属唐初洞窟。具体地说，它早不过武德元年（公元618年）；同时，考虑到历史上一项政令往往不会立即得到实施的情况，估计也可能会晚到武德五年（公元622年），甚至更晚一些。

与第390窟有共同特征的第三期石窟的时代，大致也应在第390窟建造时间的前后。它们之中最早可能会早于唐武德元年，而相当于隋代末期；最晚的则还有可能略晚于武德五年，甚至晚到武德末年（公元626年）。

2、第282窟正龛发愿文文尾记："大业九年七月十一日造讫"。由此可以确定第282窟完成于大业九年（公元613年）。

此窟兼有第二期和第三期石窟的特征。例如，主室南北两侧壁的立佛塑像，头大、腹圆、肩部和胯部较宽，面部块面转折关系清楚；窟顶和四壁全部绘千佛，这些是第二期石窟的特征。窟顶作前部平顶，后部人字披形（图版108），塑像胁侍菩萨的面部趋于圆润，两肩和胯部缩小，身材趋于修长（图36，图版109）。四壁作上下两段布局，上部没有飞天和凹凸凭台，这些又是第三期石窟的特征。总之，此窟体现着第二期向第三期的转变，说明它恰好处在第二期和第三期之间。因此，可以依据第282窟完成的时间，将第二期石窟的下限与第三期石窟的上限，大致推定在比大业九年略晚一些的时候，即大业九年以后到隋末的这段时间里。

此外，可作辅助说明的是第三期壁画男供养人的幞头形式。这种幞头是平顶，两脚垂前，两脚垂后（图37，图版110）；并不见有文献所载

图34　第390窟主尊塑像

图35　第390窟南壁下部女供养人

图36　第282窟胁侍菩萨塑像

⑯ 《旧唐书》卷四十五《舆服志》："武德已来，始有巾子，文官名流，上平头小样者。"又唐·张彦远《历代名画记》卷二《叙师资传授南北时代》："幞头始于周朝，巾子创造武德。"（人民美术出版社1963年版）。

⑰ 《隋书》卷四《炀帝纪》下；《旧唐书》卷一《高祖纪》。

⑱ 1.隋大业十三年（公元617年）十二月至武德元年（公元618年）十一月，金城薛举、薛仁杲父子据秦陇称王。2.武德元年十月至武德二年（公元619年）四月，凉王李轨于凉州称帝。以上见《旧唐书》卷一《高祖纪》、卷二《太宗纪》。3.武德三年（公元620年）十二月，瓜州（隋敦煌郡）刺史贺拔行威执骠骑将军达奚暠举兵起事。4.武德五年（公元622年）五月，瓜州（这年分瓜州的常乐县置瓜州，以旧瓜州为西沙州）土豪王幹斩贺拔行威以降，瓜州平。5.武德六年（公元623年）六月至七月，沙州州人张护、李通起事，杀瓜州总管贺若怀广，立沙州别驾窦伏明为主，进逼瓜州。6.同年九月窦伏明献沙州降。7.贞观元年（公元627年）四月凉州都督、长乐王幼良有谋被诛。以上见《资治通鉴》卷一百八十八、一百九十、一百九十二。

⑲ 《隋书》卷四《炀帝纪》；《旧唐书》卷一～三《高祖纪》、《太宗纪》。

⑳ 《金石萃编》卷三十八《诏立僧尼二寺记》。

㉑ 莫高窟第156窟前室北壁晚唐墨书《莫高窟记》："开皇年中僧□喜□（辶）□□"（原文漫漶，此据敦煌文物研究所摹本）。敦煌遗书P.3720《莫高窟记》："开皇年中僧善喜造讲堂。"所谓讲堂，应不是石窟，而是在莫高窟附近修筑的地面建筑。参见宿白《莫高窟记》跋，《文物参考资料》一九五五年第二期。又据《续高僧传》卷八《京师净影寺释

唐武德年间始创的"巾子"，未出现"上平头小样者"⑯。显然，这样的幞头是武德以前的形式，这也表明第三期的下限不至于晚过武德年间。

至此，我们可以推定第三期石窟的年代，大致应在隋末唐初，也就是隋大业九年以后的隋代末期至唐初武德年间。过去，这一时期的石窟，我们习惯于称它们为隋窟。确切地说，它们应是隋末唐初开凿的石窟；其中有一定数量的石窟，实际应是唐初之窟。

图37　第281窟西壁下部男供养人头部（幞头形式）

隋大业九年开始，中原发生了大规模的农民起义，紧接着，隋末唐初全国出现了一个群雄崛起，割地称王的暂短时期⑰。从这个时期的历史看，隋末到唐武德时期，以至唐贞观初年，河西和敦煌地区同样是地方势力相长争夺⑱、外患丛生的时期⑲，所以第三期石窟尽管比第二期有所发展，但并没有因受到中原和外来的强大影响而产生像初唐那样大幅度的和实质性的变化。

第二期石窟的时代

根据第一期和第三期的断代，可以知道第二期大致应在隋开皇九年（公元589年）至大业九年（公元613年）略后的这段时间里。

在敦煌莫高窟隋代第二期，曾以空前的规模大兴石窟，其中有一批绘塑精美的大、中型石窟，艺术上取得了很大的发展。今天我们探究其原因，不可忽略下列史料：

（一）开皇十一年（公元591年）隋文帝诏令天下州县各立僧尼二寺⑳。（二）开皇中僧善喜在莫高窟造讲堂㉑。（三）开皇十三年（公元593年）外戚独孤罗任使持节总管凉甘瓜三州诸军事凉州刺史㉒。（四）仁寿元年（公元601年）六月十三日颁发《立舍利塔诏》，诏天下各州建灵塔，并令分送舍利于三十州㉓，释智嶷奉诏送舍利至瓜州（敦煌）崇敬（教）寺(即莫高窟)㉔，随即于瓜州崇教寺起塔㉕。同年八月二十八日，"瓜州崇教寺弥善藏在京辩才寺写摄论疏"㉖，（五）大业四年至六年（公元608年至610年），助杨广弑兄篡位的幸臣姬威任敦煌太守㉗。上述材料表明，在开皇九年后全国统一的形势下，隋皇室种种崇信佛教、弘扬佛教之举，影响及于边远的敦煌。第二期石窟的兴盛，与这一潮流有关。

第二期以大乘佛典为题材的经变画，亦是莫高窟以前少见的。据僧传记载，隋文帝专门诏请"恒愿阐扬大乘，护持正法"的灵裕法师到京城弘法㉘。隋炀帝本人"耻崎岖于小径，希优游于大乘"。他迎请精通大乘佛法的智顗为师，受"菩萨戒"㉙。南陈高僧吉藏到长安后也看到了"京师欣尚妙重法华"㉚。上述灵裕、智顗、吉藏，以及其他与杨坚、杨广父子交往很深的一些高僧，几乎无不修习、讲授、或撰述《法华》、《维摩》、《涅槃》诸经。净土宗奠基人道绰，生于北朝，历隋而入唐。据僧传，道绰早已"盛德日增，荣誉远及"，"恒讲《无量寿观》"，后来遂成为"宗净业"、"西行广流"的一代宗师㉛。看来西方极乐净土的信仰，在隋代已有一定的影响。天竺沙门达摩笈多，于开皇十年游方至瓜州（敦煌），后奉旨进京，自开皇中至大业末年专事译经，共七部三

十二卷㉜，其中一部名《佛说药师如来本愿功德经》㉝，此经与东晋天竺帛尸梨密多罗译《佛说灌顶拔除过罪生死得度经》的内容基本相同。内容相同的佛经在隋代重译，反映当时社会对药师净土的信仰。又据画史记载，隋代著名画家展子虔、董伯仁、杨契丹等人，在京城的寺观中曾经绘制过法华经变、维摩诘经变、涅槃经变、弥勒经变等㉞。寺观中请名画家绘制的经变画，都是当时社会上流行的佛教题材。显然，敦煌隋代第二期石窟新的壁画题材，是在国家统一，佛教信仰统一以及中原文化给了敦煌以巨大影响之后的产物。

隋代第二期的精致细密而色彩富丽的绘画，为以前所不见。画史记载："中古之画，细密精致而臻丽，展、郑之流也。"㉟说的是隋代具有代表性的一种绘画风格。展子虔、郑法士等是这派绘画风格的代表人物。又据画史记载："董与展同召入隋室"㊱。董系南陈的画家董伯仁，他被召入隋室，无疑在平陈以后。展子虔历北齐、北周，而与董伯仁同入隋室，当也在隋统一全国之后。那么，作为隋代有代表性的"细密精致而臻丽"的绘画风格的形成，大概应在展子虔等入朝以后，亦即平陈以后。敦煌隋代第二期新出现的精致细密而色彩富丽的壁画，看来与中原盛行的画风是有密切关系的。

此外，据画史记载，隋平陈以后，将南陈收集的书法绘画，皆移至东都，并在东都筑"妙楷台"、"宝迹台"，收藏自古法书名画㊲。联系前文所述名画家会集京师寺观作佛画和董伯仁与展子虔入隋室两事来看，隋王朝在统一全国后，确曾采取了一系列有利于推进绘画艺术发展的措施，这也必然推动了敦煌石窟艺术的发展。

早在南北朝时代，波斯锦已传入中国㊳。新疆吐鲁番地区阿斯塔那的北朝、隋唐墓中也出土过各种环形联珠纹锦㊴。莫高窟从隋代中期才有环形联珠纹出现，大概是与隋统一全国后，特别是隋炀帝加强与西域各国联系有关。据《隋书》记载，杨广称帝后，接连派遣李昱、韦节、杜行满出使西域诸国㊵，又令裴矩三次往来于河西和敦煌，同西域商人交市，西域各国使臣也相继来到中原。据裴矩撰《西域图记》，隋代中国与西域交往的三条主要道路，都"发自敦煌"，敦煌是通往西域的"咽喉之地"㊶。所以，敦煌隋代第二期出现各种饰莲花、翼马、狩猎图案的环形联珠纹以及条形联珠纹，想必是受到来自西域的影响。

从各方面情况看，莫高窟隋代第二期是正当隋代社会的盛期。

数量众多的敦煌莫高窟隋代石窟，为我们留下了一笔丰富的文化遗产，这在国内同一时期的其它石窟寺中是少有的。隋代石窟处于石窟寺由产生向成熟期发展的过渡阶段。它直接继承了北朝石窟艺术，并吸收了中原和西域文化的丰富营养，不断地进行着探索和创造；时间虽短，却发生了很大的变化，它酝酿着更加辉煌灿烂的唐代石窟艺术。我们的分期工作，就是试图去了解和分析隋代石窟发展演变的进程和规律。为了说明各期的不同特点，本文着重于阐述每一期出现的新因素；但是因为洞窟多、情况复杂，探索和变化的过程虽有一定的阶段性，却又处处表现出连贯和交错，不能用简单划线的办法来区分时期和阶段，所以也向读者介绍了新旧交错并存的情况。不当之处，恳请指正。

惠远传》：惠远，"初见病数日，讲堂上栋脊无故自折。""又当终之日，泽州本寺讲堂众柱及高座四脚一时同陷。"（《大正藏》卷50，p.489）。又据《续高僧传》卷二十五《东都宝相道场释法安传》：开皇中僧法安与晋王杨广"往泰山，神通寺僧来请，……及至寺中，又见一神状甚伟大，在讲堂上，手凭鸱吻下观人众。"（《大正藏》卷50，pp.651～652）。凡此都可证明讲堂应是地面建筑物。

㉒ 墓志，见夏鼐《咸阳底张湾隋墓出土的东罗马金币》，《考古学报》一九五九年第三期。

㉓ 《广弘明集》卷十七隋文帝《立舍利塔诏》，（《大正藏》卷52，p.213）。又《隋书》卷二《高祖纪》。

㉔ 《续高僧传》卷二十六，《隋京师静法寺释智嶷传》（《大正藏》卷50，p.676）。

㉕ 《广弘明集》卷十七王劭《舍利感应记》（《大正藏》卷52，pp.213～216）。敦煌文物研究所藏唐武周圣历元年刻《李克让修莫高窟佛龛碑》拓本："遥自秦建元之日，迄大周圣历之辰，乐僔、法良发其宗，建平、东阳弘其迹，推甲子四百他岁，计窟室一千余龛，今见置僧徒，即为崇教寺也。"碑文追叙莫高窟的历史，证明了唐圣历元年立碑时住有僧人的莫高窟，应该就是崇教寺。由此推知隋代僧人智嶷奉召送舍利所到及起塔之瓜州崇教寺，即当时大兴营造的敦煌莫高窟。

㉖ 敦煌石窟遗书S.2048。

㉗ 《隋书》卷四十五《房陵王杨勇传》；陕西省文管会《西安郭家滩隋姬威墓清理简报》，《文物》一九五九年第八期。

㉘ 《续高僧传》卷九《相州演空寺释灵裕传》（《大正藏》卷50，pp.495～498）。

㉙ 《续高僧传》卷十七《国师智者天台山国清寺释智颤传》（《大正藏》卷50，pp.564～568）。

㉚ 《续高僧传》卷十一《京师延兴寺释吉藏传》（《大正藏》卷50，pp.513～514）。

㉛ 《续高僧传》卷二十《并州玄中寺释道绰传》（《大正藏》卷50，pp.593～594）。

㉜ 《续高僧传》卷二《隋东都雒滨上林园翻经馆南贤豆沙门达摩笈多传》（《大正藏》卷50，pp.434～436）。

㉝ 《大正藏》卷14，p.401。

㉞ 《历代名画记》卷三《记两京外州寺观画壁》，卷八《展子虔传》、《董伯仁传》、《杨契丹传》。

㉟ 《历代名画记》卷一《论画六法》。

㊱ 《历代名画记》卷八《董伯仁传》。

㊲ 《隋书》卷三十二《经籍志》；《历代名画记》卷一《叙画之兴废》。

㊳ 《梁书》卷五十四《诸夷传》；劳费尔B. Laufer《中国伊朗篇》Sino-Iranica. 1919, 林筠因译,商务印书馆1964年版。

㊴ 新疆维吾尔自治区博物馆、出土文物展览工作组《丝绸之路—汉唐织物》图版二八，联珠对孔雀"贵"字纹锦覆面，文物出版社1972年版。

㊵ 《隋书》卷八十三《西域传》，卷四《炀帝纪》。

㊶ 《隋书》卷六十七《裴矩传》。

# 敦煌莫高窟的洞窟形制

萧　默

　　莫高窟前后绵延的时间之长，凿洞窟之多，比起国内其他石窟来，都是首屈一指的。它的洞窟形制，各个时期均有所不同；同一时期的洞窟，在盛行某种基本形制的同时，又有其它一些不同样式。这些骤看起来似乎完全不同于一般建筑的石窟，除了具有本身的特点以外，在大多数情况下，都和同时代的一般木结构建筑如佛寺、佛殿等有许多相类之处，这是由于前者对后者的有意识的模仿，也是由于二者都同时决定于当时宗教内容的要求。因此，对于洞窟形制的研究，也将给我们一些启发，为中国建筑史增加一些新的内容。

　　在与莫高窟地域邻近、石质也一样的安西榆林窟，各洞窟主室之前大都有一个完整的前室。由岩面凿甬道通向前室前壁的中央，甬道之长（即前室前壁之厚）通常达七、八米。在各窟前室与前室之间还有横向甬道将各窟连通起来（图1）。而在莫高窟，现存洞窟所有的前室都是不"完整"的，即只有前室的左、右壁和后壁，后壁上接向前斜上的前室室顶，并无前壁。莫高窟在洞窟开凿后，曾有过一些坍塌，致使一些洞窟残缺不全甚至只余后壁一龛。这就颇使人怀疑，莫高窟各窟的前室原状是否即是现在这种不"完整"的样子，抑或原来是有前壁的，只是因坍塌毁损殆尽而已。

　　我们认为，莫高窟现存的敞开的前室应大体就是开凿时的原状。因为：一、在1963年到1966年期间，莫高窟大约三分之二以上的岩面都经过加固。加固工程都是采用挡土墙的形式。厚达五、六米的挡土墙从基岩开始用片石砌筑。施工时，在这些岩面前都进行过大段的开挖，有的深达十余米。开挖中，并未发现有太多的坍石堆积。二、凡岩面坍塌，一般多发生在上层，下层应比较完整，但在莫高窟下层洞窟中也没有发现所谓"完整"的前室。三、假若原来有那么多"完整"的前室，经过

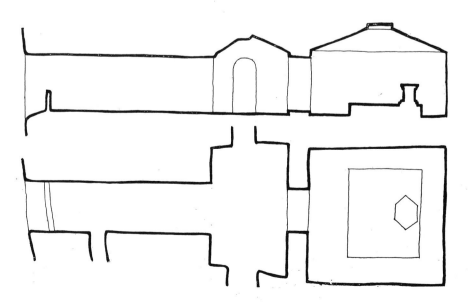

图1　安西榆林窟第25窟平、立面图

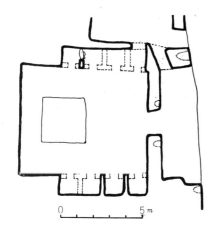

图2　第487窟平面图

图3　中心塔柱式窟

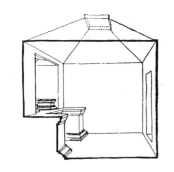

图4　覆斗式窟

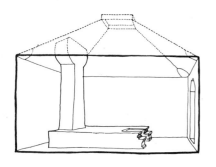

图5　背屏式窟

① 敦煌文物研究所《敦煌莫高窟窟前建筑遗址发掘简记》，《文物》一九七八年第十二期.

坍塌，何至于绝无所存。且榆林窟的前室保持得如此完好，何至于在莫高窟就会统统塌掉。所以，可以说莫高窟的前室现状并不是"完整"前室前壁坍塌后的残遗。

印度许多石窟和国内其他石窟如云冈、麦积山、天龙山、响堂山等处的前室，也都作敞开的形式，但那里的这些敞开面常有精雕细刻的石柱。而莫高窟前室的敞开面绝大多数都是大开口，并无石柱。这应主要决定于石质。在敦煌的砂砾岩上不可能雕出那样的石柱。个别的洞窟，其前室"前壁"敞开面有两个石柱，将"前壁"分为三间，如盛唐末的第148窟和晚唐的第138窟。但是这些石柱只是粗凿而成，不能进行细加工。

六十年代进行的窟前考古发掘，为进一步了解石窟开凿时前室的原状提供了可信的资料。在距现在地面以下约四米处，掘出了几个洞窟。据考证，其中第487窟应属于北魏中期或早期，甚至还可能更早一些。它的前室，也同样是大开口。在前室上下岩面遗留有与开凿时同期的梁眼与地栿眼①（图2）。据梁眼复原，应是三间四柱的木构窟檐。这些梁眼与现存许多洞窟窟外的梁眼情况相同。因此可以认为：现存各窟窟外的梁眼也应是与洞窟同期的遗存。故从莫高窟早期开始，各窟窟前都应有像现存五座唐宋窟檐那样的木构窟檐，各窟之间的水平交通则由木栈道来解决。洞窟前室，是外部空间到洞窟空间之间的过渡。人们从人的世界进入到佛的世界的时候，在这里产生情绪上的转化。同时，前室的窟檐（木造的或石凿的）模仿殿堂的样子，也将大大改善那个黑洞洞的窟口的形象，而更具有亲切近人的气氛。

敦煌石窟的各种主室形制，大略说来可分六种，即中心塔柱式、毗诃罗式、覆斗式、涅槃窟、大佛窟及背屏式。其中又以中心塔柱式（图3）、覆斗式（图4）和背屏式（图5）三种为最多，可分别作为北朝、隋唐、五代至宋这三大阶段的基本形制。

## 一　中心塔柱式

中心塔柱式是北朝洞窟的典型形制。这样的洞窟一般不太大，面积约在50平方米上下。北魏第254窟可作为这一形制的代表（图6）：从前室后壁正中凿一个可容二人并行的不太宽也不太深的门道进入窟内。洞窟平面是一个纵长方形。从空间上说，它又是由前后两部分构成的。前部占纵深三分之一稍多，有一个与洞窟纵深正交的人字形顶。一般把这种窟顶称作"人字披"。在前后披上塑出断面半圆形的椽子。椽子和椽子之间绘作望板。两披之交塑出脊方（即脊檩，但断面是方形），后披与后部平顶之交也塑出方子。这两条方子与山墙交接处均从石壁内伸出木制丁头拱一只，以散斗、替木托在方底。这一部分顶部模仿木结构房屋屋顶的意图是十分明显的。在有些洞窟，两披之间有一段狭长的平顶，使人字披成为一个两坡的盝顶。

后部是平顶，与人字披后披下的方子相接。后部平面略呈正方形，在方形中心凿出直通到顶的方形塔柱。在塔柱的左右和后面形成通道。塔柱下部是简单的塔座，上部是塔身，四面凿龛。正面一龛较大，龛上沿作圆券形，上塑火焰形龛楣；龛左右两沿外各塑一柱，承住楣脚；龛身退进，平面和断面都弧转无折。塔左右壁和后壁凿上下双层龛：上层龛作阙形，明显地模仿实际的阙形建筑；下层龛和正面的龛形制一样，只是略小。各龛内都塑佛像，龛外有菩萨像。

洞窟壁面都是平面。左右壁前部山尖下又各凿出一座阙形龛，后部凿出一排四个并列的小圆券龛；前壁在入口通道上方凿出一个方形的明窗。

全窟前后两个部分只是在顶部处理上加以区别，二部之间并没有阻隔。

这种有中心塔柱、把全窟布置成前后两个空间的形式，是同当时宗教活动密切相关的。显然，前部可供僧徒聚集，相当于下面将要谈到的印度支提窟中的"礼堂"；后部是专为僧徒作回绕中心塔进行礼仪活动而设。

此型洞窟以中心柱和人字披为主要特点，在北朝洞窟中最为普遍。隋代和初唐也有很少数洞窟属于这种窟形，如隋代第427、初唐第332窟等。第332窟的后壁有卧在石榻上的佛涅槃塑像，这和新疆克孜尔的许多洞窟布局相仿。

在我国各地的北朝石窟中常见的中心塔柱式洞窟，应当是和在印度被称作支提（Chaitya）的石窟形制同类。同时，它也与当时我国盛行的一种以塔为寺院中心的佛寺布局十分相似。

印度的支提窟出现在公元前一、二世纪，其后一直到公元七世纪仍有开凿。它的特点是窟的平面呈狭长的马蹄形，也分前后两个空间；前部是长方形平面的"礼堂"，后部半圆形平面的中心凿有一圆形塔，塔周围也形成通道；窟左右和塔后行一圈石凿的列柱，整个窟顶凿成筒拱形（图7）。敦煌的中心塔柱式窟与之大致上是相类的。但凿窟之风传入中国后，这种窟形发生了一些变化，例如中国石窟中心塔不再是圆形，而统统凿成为方柱形。在云冈石窟内，这种方塔还雕凿出各层仿木结构的塔檐和柱枋斗拱，显然是以中国当时通行的木塔式样为蓝本的。在敦煌和离敦煌不远的肃南文殊山石窟（图8），由于石质疏松，不适宜雕刻，所以塔柱上才没有凿出塔檐斗拱，但它分明是模仿本国的塔形的轮廓，而并非照抄印度的圆形复钵式塔。再说，印度石窟内的圆塔与窟顶不相连接，而我国石窟内的方塔却都直通到顶；因此又习惯地称之为塔柱。这种作法一定程度上也可能与中国石窟（尤其是新疆、敦煌石窟）的石质有关，即为了防止平顶的坍塌而利用塔柱以为支撑。在石质较好的地方，如永靖炳灵寺的第3窟中凿出一个逼真地模仿木结构的方塔，就不是直通到顶的。

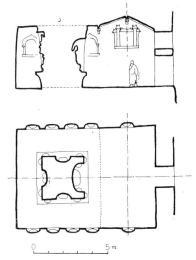

图6　第254窟平、立面图

图8　酒泉文殊山千佛洞（北魏）

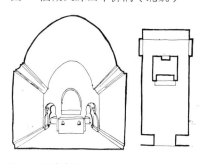

图9　拜城克孜尔石窟（北魏或更早）

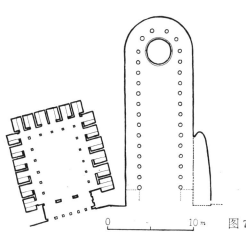

图7　印度典型的支提窟和毗诃罗窟（Kondane石窟第1窟和第2窟）

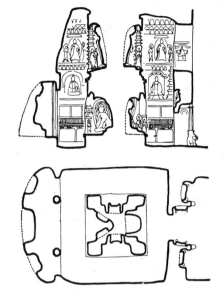

图10 大同云冈石窟第6窟（北魏）

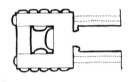

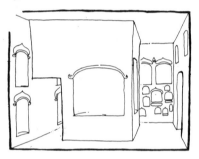

图11 磁县南响堂山石窟第1窟（北齐）

② 其它某些石窟，也有类似的情形，如在南响堂山石窟的某些窟室中，若仅依其中心方形雕凿体的形象以及它的后壁上部与洞窟后壁相连这样一些情况来说，也很难认为它是一座"中心塔柱"（图11）。但是，我们联系中国和印度石窟寺的全面情况来看，仍不妨将它们归属为中心塔柱。日本学者水野清一氏和长广敏雄氏就仍将南响堂山石窟的此类雕凿体称为"中央方柱"，并认为它的原意仍是对Stūpa（塔）的象征（水野清一、长广敏雄《響堂山石窟》東方文化学院京都研究所，1937年）。

新疆克孜尔石窟的此类窟形有点特别（图9）：它的前部是一个纵长的筒拱形顶；后部正中石壁上凿龛，塑佛像；龛左右和龛后凿方折通道，通道又低又小，只容一人通行；后通道的后壁又向后扩出一榻，上塑佛涅槃像。这样，很难说它有一个中心塔。但它的围绕着主尊的回行通路却仍是和别处中心塔柱式窟相像的，所以仍然可以认为它是属于这一类型②。

内地云冈、巩县等处以及前述炳灵寺和文殊山的中心塔柱式窟也都和敦煌的不太一样，主要在于它们的洞窟平面是正方形，塔柱或塔就置于方形正中（图10、11），不像敦煌以及印度、新疆那样，洞窟分为前后两个空间。

从上可知，敦煌石窟在新疆石窟的基础上抬高了方折通道的顶部，作出了中心塔。塔形是中国式方塔；洞窟前部又加了中国式的人字披屋顶。云冈石窟的中心塔更具体地模仿中国式木塔，而且取消了洞窟的前部，使窟内的整体布局更像当时的中国寺院了。由西而东，源于印度支提窟的这种窟形的逐渐中国化，迹象甚为明显。敦煌地方介乎克孜尔与云冈之间，早期石窟的开凿时间亦在二者之间，自然其洞窟形制也介乎二者之间。总之，中外文化和中国内部各地区之间文化上的流汇融合、交光互影，即使在石窟形制上也有颇生动的表现。

石窟中有塔的设置，应与宗教礼仪有关。在印度，当公元前后犍陀罗造型艺术兴起以前，还没有佛像的雕塑，佛教徒们尊崇的对象是佛的遗物、遗迹，以及代表佛生前经历的纪念物。塔是佛涅槃的象征，受到很大的尊崇。崇敬佛塔和绕塔礼拜被认为是获取无上福报的功德之一。《菩萨本行经》说："若人旋佛及旋佛塔所生之处得福无量也"。《法句喻经》讲了一个故事说："山中有五百狝猴，见僧绕塔礼拜供养，即共负石学僧作塔绕之礼拜"。后来山水暴涨，五百狝猴俱被淹死，但它们都转生天堂，永受快乐。由此可见信徒对于绕塔礼拜的重视。印度人在石窟里建塔，塔又名支提③，故此种石窟又名支提窟。塔周围的通道正是供回行用的。以后，虽已产生了佛教造像，但对塔的尊崇习惯仍然保留了下来，并随同佛教传入中国。据《魏书·释老志》及《洛阳伽蓝记》，东汉明帝时的洛阳白马寺系因白马负经而来的传说而得名。《弘明集》记载洛阳白马寺中绘有"千乘万骑，绕塔三匝"的壁画。关于乘骑绕塔的故事，在《法苑珠林》记东晋建康的另一白马寺时说得比较详细。它说："晋白马寺在建康中黄里，大兴二年晋中宗元皇帝起造。昔外国王欲灭佛法，宣令四远毁坏塔寺次招提寺，忽有一白马从西方来，绕塔悲鸣腾跃空中……王潜泪深自愧责即敕普停，已毁之塔并更修复。由此白马，大法更兴，因改招提为白马，此寺之号亦取是名焉"④。这些佛教感应故事，无非都以畜牲尚且有灵，知道绕塔礼拜护持佛法，来表明尊崇佛塔的重要性。汉白马寺的壁画大概画的就是这类故事，其寺名的由来或许也实起于此。不管怎样，至少说明了这种信仰传入之早。

这种信仰曾对于我国早期佛寺布局产生过深远的影响。以塔为寺院的中心建筑，四周以廊庑围绕，这种布局盛行于早期佛寺。上述东汉白马寺就是建有佛塔的⑤。

其他关于早期佛寺的记载也透露了这种形制在当时盛行的情况。如《后汉书·陶谦传》记笮融在徐州所建的浮图祠，"上累金盘，下为重楼，又堂阁周回，可容三千许人"。显然，"上累金盘，下为重楼"是塔。"堂阁周回"，正是周围的廊庑。《洛阳伽蓝记》记北魏洛阳最大的寺院永宁寺："中有九层浮图一所，架木为之，……浮图北有佛殿一所，形如太极殿。……僧房楼观一千余间……寺院墙皆施短椽，以瓦覆之，若今宫墙也。四面各开一门。"其布局都是以塔为中心的。现永宁寺遗址已经发掘⑥，与文献相较，若合符节（图12）。同书所记胡统寺、秦太上君寺的布局亦给人以同样的印象。又，《律相感通传》记南朝荆州河东寺云："河东寺，……寺甚大，……大殿一十三间，……殿前塔宋谯王义季所造……四周廊庑咸一万间，寺开三门，两重七间"也属此式。现存日本大阪四天王寺系建于六世纪末（当我国隋代），其布局也是在中轴上建高塔，塔后有金堂，周绕廊庑院落（图13）。与永宁寺十分相近。

这种佛寺以廊庑或院墙围成院落，院中的空地正好供僧徒绕塔回行（有的廊庑也可作回行之用），同中心塔柱式石窟里的回行通道功能无异。

我们在云冈第6窟（北魏中期）中又看到一个有趣的例证：在这个平面方形的中心塔柱式窟内，左右两壁和前壁的下部都浮雕出一圈有柱枋斗拱和屋顶的廊庑，应该就是佛寺周围的廊的反映；而在后壁凿一大龛，正是塔后佛殿的象征。将此窟复原为一组建筑，不就是当时盛行的寺院样式么（图10）。所以，中心塔柱式石窟，实际上间接地但却明确地反映了当时中国佛寺的布局。此式洞窟的普遍存在，也间接地说明了此种佛寺布局的盛行情况。敦煌北朝壁画中没有佛寺的资料，但北朝洞窟本身的形制，正好弥补了这个不足，给了我们以重要的旁证。

需要作一个重要的补充是：印度的窣堵波旋绕道一般是附在大塔本身上，如桑奇（Sanchi）大塔下部沿塔一周就有通道，塔外场地周围只建有石制栏杆状的"玉垣"和牌坊样的石门，并没有周廊围绕。故上述院落式的佛寺是中国对于佛寺布局的发展。

关于院落式的布局，在我国非自佛教始，早在商周时期已有较完整的院落遗址留存到今天。就在与早期佛寺同时，那种在院落当中建一高层建筑的布局也并非佛寺所专有，出土的东汉宅院明器就常有在宅院正中建一高楼的，其典型者可见于张掖郭家沙滩汉墓和武威雷台汉墓。文献中对此布局也有所记载，如东汉崔骃《大将军临洛观赋》云："营高壤而作庐，……列阿阁以环匝。"李尤《东观赋》云："上承重阁，下属周廊。"《德阳殿赋》云："尔迺周阁回匝，竦楼临门"等，均是。可见，这种佛寺布局是中国传统的院落与印度传来的宗教观念相结合的产物，是佛教建筑形式民族化的一种表现。

## 二 毗诃罗式

"毗诃罗"为梵文Vihara的音译，意译则为"精舍"、"僧院"、"住处"。印度的毗诃罗式石窟甚多，如在著名的阿旃陀石窟，全部二十六个洞窟中，就有二十二个是毗诃罗窟，它们开凿于公元前二世纪到公元后七世纪。这种毗诃罗窟的布局大体上都是围绕着一个较大的方形窟室，除正面入口外，在左、右壁和后壁开凿一些小的支洞。毗诃罗窟反映了小乘佛教的一种修行方式，即坐禅。僧徒们在这些寂静的洞窟中端坐冥思，以求个人的解脱，那些小洞就是他们禅定的处所，也是居住

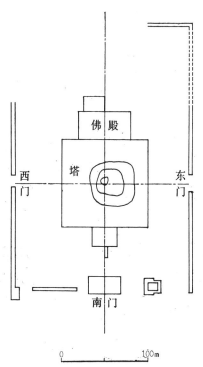

图12 洛阳永宁寺遗址（北魏）

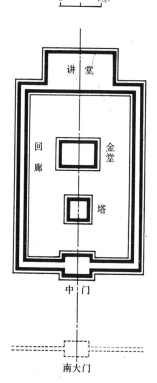

图13 日本大阪四天王寺（六世纪末）

图14 莫高窟最早的几个洞窟（十六国晚期）

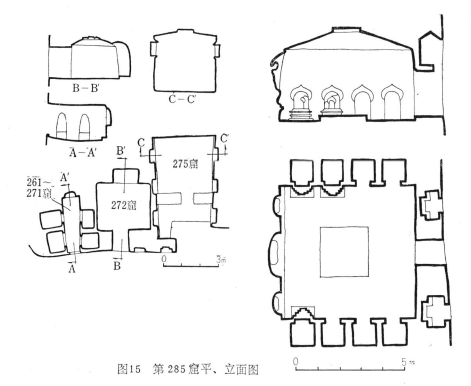

图15 第285窟平、立面图

③ 《一切经音义》卷六：宝塔，他盍反，诸经论中 或作薮斗波，或作塔婆，或云兜婆，或言偷婆，或言苏偷婆，或言脂帝浮都，亦言支提浮图，皆讹略也，正言窣睹波"。又，同书卷三："支提，或言脂帝浮都"。
④ 《大正藏》卷53，p.594。
⑤ 《魏书》卷一百一十四《释老志》："自洛中构白马寺，盛饰佛图，画迹甚妙，为四方式。凡宫塔制度，犹依天竺旧状而重构之，从一级至三、五、七、九，世人相承，谓之浮图，或云佛图"。此之"佛图、"浮图"，均指塔。
⑥ 中国科学院考古研究所洛阳工作队《汉魏洛阳城初步勘查》，《考古》一九七三年第四期。
⑦ 编号为第267至271的一组窟共占五个窟号，但是实际上这是一个主窟带四个支窟的毗诃罗式窟，应该作为一个窟来看待的。

的地方。毗诃罗常和支提同在一群石窟中出现（图7）。

毗诃罗窟的实例在中国发现的不多，只在新疆和敦煌有一些遗存。新疆的毗诃罗窟又不作大洞中开小支洞的形式。在拜城克孜尔石窟所见是一个个分散的单独小窟，并多有侧室。人们先进入侧室再进入内室，内室壁上凿窗。内室的面积，足可供僧徒居住生活。在库车以北铜厂河畔苏巴什地方也有一些毗诃罗窟，其典型者系在岩内凿一狭长甬道，甬道两侧凿一系列多至八九个的小支窟，方仅一米余，只能供一僧打坐，其居住应在别处。这些洞窟时代不详，但由小支窟的圆券形窟门和火焰形门楣的样式判断，至迟也应是北朝的产物。

毗诃罗窟在敦煌也只发现了三处，都是早期窟。一处是第267至271窟⑦，一般认为可能开凿于十六国晚期。另一处是北魏第487窟。第三处是第285窟，属西魏时代。

第267至271的一组洞窟是由一条通向主窟的甬道、主窟以及甬道左右各两个小支洞组成的（图14），布局与苏巴什十分相似。

另二处的布局则和印度的毗诃罗窟接近。第487窟（图2）略呈纵长方形，长约八米，宽约六、七米，规模较大。其左右壁的前部各附有一列小支窟，但经后代改凿，已失原样；若依迹复原，应是四个仅米余见方的小支洞并列。此窟窟内中心靠后还凿有一二十至三十厘米高的方台。第487窟窟顶坍塌，但从残存的北壁仍可看出其窟顶是人字披和平顶相结合的形式，出土物中也有泥塑的椽、枋，可知其人字披的做法与北魏的中心塔柱式窟如第251、254、257、259等窟完全相同。

第285窟有"大代大魏大统四年岁次戊午八月中旬造"和"大代大魏大统五年"等发愿文题记，确知建造于公元538—539年。其主室约六米余见方，后壁凿三龛，中央龛较大，左右龛较小，龛沿皆圆券状，龛平面和断面皆弧转无折，同于北朝盛行的其他圆券龛形；左右壁对称，各列小窟四个。小窟也仅一米见方，窟门作圆券形，上沿画有火焰纹门楣。在几个小窟门口，遗有土砌小塔。在这些土塔封门的小窟内，曾发现有元人所书的西夏文题字，又由小塔的形制，可以肯定土塔是元人所为，故以土塔堵住小窟入口并非造窟者原意。此窟地面中心也遗有如第487窟所见的低平方台一座，台面元人所抹的泥皮上有线刻坛城图。窟顶为所谓"覆斗"形，即由四壁各向中心斜上，至中心收成一个方形凹进，方形中绘藻井图案，整体形如倒覆之斗。这种窟顶的形状在隋唐至宋元各洞窟中最为通行（图15）。

由敦煌毗诃罗窟的小支窟均仅方一米余来看，它们也只能供一僧徒打坐，僧徒的居住亦应在别处。

敦煌毗诃罗窟与中国早期佛教盛行的小乘禅定修行方式有关。佛教在东汉传入中国之始，只是在皇族和上层贵族中有些影响。当时的少量佛寺，主要是为了从西域来的高僧或商人进行宗教活动而设置的。到了魏晋南北朝时期，由于皇室的推崇，佛教逐渐得到普遍的信仰。北朝时，佛教的一个学派——禅学，开始在北方地区流行。这个学派注重于宗教修持，主张默坐专念，而不同于当时流行于南朝偏重于教义的宣传和研究的般若学派。按照这种禅学的说法，僧众只要静坐敛心、止息杂念、专注于一境，久而久之，就能达到身轻心安、观照明净，而得自我解脱。北魏时达摩祖师在嵩山少林寺终日面壁九年入寂之事，就反映了当时坐禅修持的情况。毗诃罗式洞窟，正是这种宗教观念的产物。

隋唐以后，随着佛教的更重义理，少倡戒行，石窟形制也发生了变化。那种戒行礼拜所需要的中心塔柱式窟和修持坐禅所需要的毗诃罗窟逐渐消失，覆斗式窟继之而兴。

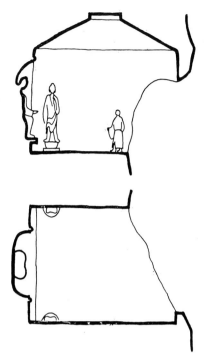

图16 第249窟平、立面图

## 三 覆 斗 式

覆斗式洞窟都是方形，覆斗顶，无中心柱，后壁开龛，与第285窟大体相同，其区别主要在于它没有支洞，且后壁只开一大龛。它的出现也很早，大体属于十六国晚期的第272窟基本上就是这种样式（图14）。不过第272窟的覆斗顶坡度很缓和，且披面略呈凹弧状。北魏第249窟可以算是最早的典型的覆斗式窟（图16）。

覆斗式窟是隋唐洞窟最基本的形制。隋唐以后，直到元代，覆斗式窟仍有凿造。可以说，它是从十六国晚期直至元代不断出现的唯一的窟形。在这漫长的年代里，形制上并没有太多的变化，主要只是在后壁的龛形上早晚有所不同（图16～21）。早期龛形是北朝诸窟通行的圆券龛，如第272、249窟（图16）。隋至盛唐，龛平面多呈梯形，外大内小，龛顶多为斜面，外高内低，龛沿也成为一条平直线；如隋代第305、294窟，初唐第220窟（图17），盛唐第172（图18）、103窟等。隋代有的龛作双层退进。中唐以后龛平面变为矩形，龛顶作盝顶。盝顶中部平面作出支条方格组成的平棊，四周斜面。龛外左右沿画二柱，上沿画出有山花蕉叶和垂铃璎珞装饰的覆斗式帐顶的样子。整龛很像同时代壁画维摩诘经变中的斗帐。敦煌中晚唐的卷子里往往有在洞窟中"帐门两侧"画着什么的字样。"帐门两侧"，所指即龛口外的两侧。故此，中晚唐以后的这种龛，显然是对木结构佛帐的模仿。在中唐至宋、元的漫长历史时期中，这是覆斗式窟内通行的龛形，例如中唐第112（图19）、159、361等窟，晚唐第156窟，宋代第326窟（图20），西夏第29窟，元代第3窟（图21）等。

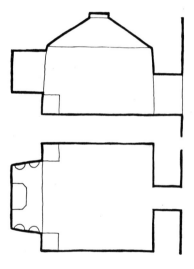

图17 第220窟平、立面图

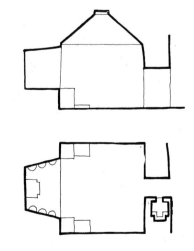

图18 第172窟平、立面图

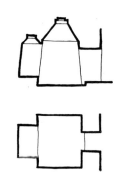

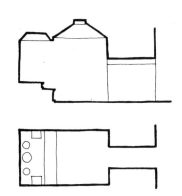

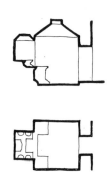

图19　第112窟平、立面图　　　　图20　第326窟平、立面图　　　　图21　第3窟平、立面图

　　在我国早期佛寺中除了那种以塔为中心的院落布局外，同时也存在着一种只有佛殿而没有佛塔的寺院。在早期石窟中，与中心塔柱式同时也存在着覆斗式洞窟。而覆斗式在隋、唐时期逐渐取代了中心塔柱式，其进程恰好与隋唐时期寺院逐渐排除塔的中心地位的进程相一致⑦。因此，我们有理由认为，如果说中心塔柱式洞窟是中心塔寺院的反映，那么这种覆斗式洞窟也就应该是另一种寺院布局的缩影了。

　　正如前述云冈第6窟后壁一龛是佛殿的象征一样，在覆斗式石窟内部，后壁的佛龛起初也应是佛殿的象征。但中晚唐以后的后壁佛龛，却并不象征佛殿，而只是对于佛殿内佛帐的模仿。较早的佛帐形象可见于北朝云冈、龙门、巩县石窟寺及北响堂山石窟中，都是佛帐形的龛，与敦煌中晚唐以后的龛形相像，应该都是同一类的东西。日本法隆寺金堂（推古天皇时，约当我国隋末）中，置于佛像上空的"天盖"形象也与上述佛帐相同。伊东忠太氏前已论定法隆寺的天盖实源于中国北朝⑨，则敦煌稍晚出的这种龛形就更是对北朝帐形龛的直接继承了。

　　佛帐属于小木作，是放在佛殿内部的。据此，似可认为敦煌中晚唐以后的覆斗式窟已不是整个佛寺的缩影，而只是对于一座佛殿的模仿而已。这是覆斗式窟在前后不同时期里建筑意匠上的差别。

　　在建筑工程意义上，覆斗顶中央高起，形成自拱，使没有中心柱支撑的窟顶不致于坍塌。同时，高耸起的窟顶不会产生大片平顶的压抑之感，取消中心柱后，窟室更开敞宽豁了，给人以良好的空间印象。

　　显然，在覆斗式洞窟里，信徒们已不再进行绕塔回行的礼拜。殿堂式的窟形，更适合聚集信徒宣讲经义和进行供奉礼拜的活动。

## 四　涅槃窟

　　"涅槃"是梵文Nirvāna的音译。

　　佛教说人生最苦，涅槃最乐。所谓"涅槃"，就是修真悟道，成无上正觉，使灵魂得以脱离肉体，从而解脱了生老病死和轮回之苦，进入不生不灭的境界而永享极乐。为了宣传这个思想，就在洞窟里造释迦牟尼涅槃像，都是卧像。虽然它表现的是佛祖的遗体，却都塑造得体态柔软，神情如睡梦一般的安详和宁静。在新疆早期石窟中，涅槃像塑在中心塔柱窟回行道阴暗的后壁。这样的洞窟还不能算是涅槃窟。涅槃窟是将涅槃像作为洞窟的主体，前面没有遮挡而使卧佛像赫然横陈在观众面前。所以涅槃窟平面一般都作横长方形。北魏时期，麦积山石窟有一个

⑧　隋唐以后，随着佛教的发展，在佛寺形制上，那种为宣讲佛教义理所必需的以佛殿讲堂为主的布局得以继续发展，最终取代了礼拜所需要的中心建塔的佛寺布局。

⑨　伊東忠太〈古代建築論〉·〈法隆寺建築論〉（《日本建築の研究》龍吟社，1942年）。

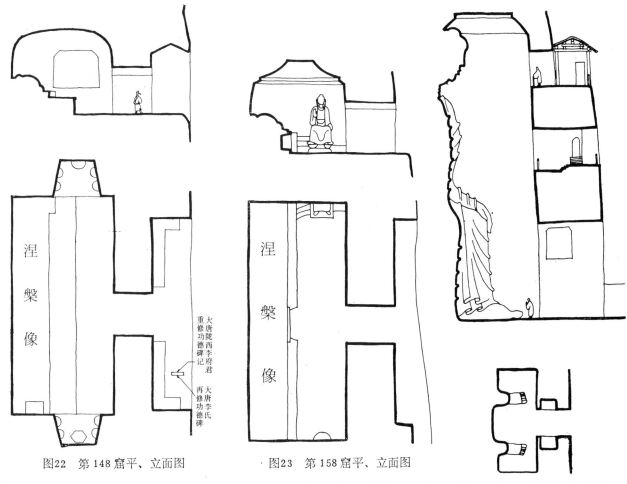

图22 第148窟平、立面图　·图23 第158窟平、立面图

（图22右侧标注）
大唐陇西李府君
重修功德碑记

大唐李氏
再修功德碑

图24 第130窟平、立面图

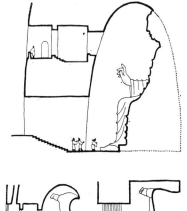

上层平面　　　下层平面

图25 安西榆林窟第6窟平、立面图

较小的涅槃窟。敦煌的涅槃窟只有两座，都是唐代建造的，即第148窟（图22）和第158窟（图23）。这两座窟规模相近，进深约7米，横长约17米，靠后壁有1米多高的通长大台，大台上又有较矮的通长小台，形如榻，佛像即卧于其上。佛像为石胎泥塑，长约16米。第148窟窟顶作平缓的券形，左右壁有梯形龛。第158窟无龛，窟顶作盝顶形，其盝顶四披断面为凹曲线，象征凹曲的屋面。

从第148窟前室保存的《大唐陇西李府君修功德碑记》，知此窟是盛唐大历十一年（公元776年）李大宾凿建的，立碑时距中唐（即吐蕃占据敦煌时）只有五年。在第158窟通道口有："大蕃管内三学法师持钵僧宜"的供养比丘题名，知此窟是中唐时凿建的。

在建筑意匠上，涅槃式窟也只是象征佛寺中的一座殿堂。它的主要佛像不是放到塔身或壁面上的龛里去，而是从石壁里搬出到洞窟本身空间里来了。这种处理为以后的背屏式洞窟开了先河。

## 五 大佛窟

和涅槃窟一样，大佛窟也是应某一特定需要而开凿的特殊形制，规模很大，数目也就不会很多，在莫高窟只有两处，即初唐第96窟及位于第96窟以南的盛唐第130窟（图24）；在榆林窟有一处，为宋初第6窟（图25）。这三窟里都有巨大的弥勒佛坐像。第96窟的大像高达33米，第130窟的高26米，榆林窟第6窟的也有20米以上。

在岩石上雕造大佛像的作法起源是很早的。公元一世纪的大月氏贵

195

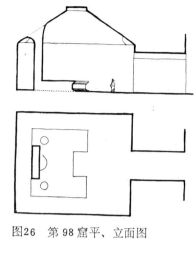

图26 第98窟平、立面图

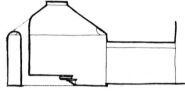

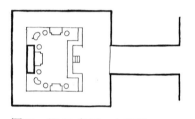

图27 第55窟平、立面图

⑩ 据《旧唐书》卷四十《地理志》，河西道瓜州都督府天宝元年（公元742年）为晋昌郡，历天宝、至德，直到乾元元年（公元758年）复为瓜州。

霜王朝盛期，就在今阿富汗巴米羊地方凿有五十余米高的大石立佛。但它是露天的摩崖大像，不在洞窟中。我国云冈石窟北魏的昙曜五窟（第16窟至第20窟）中，每窟都有大石佛像一尊，高者近十七米。莫高窟和榆林窟的大佛窟都是唐宋时的遗存。

据晚唐第156窟前室的咸通六年（公元865年）墨书《莫高窟记》："延载二年，禅师灵隐共居士阴祖等造北大像，高一百四十尺。又开元中，僧处谚与乡人马思忠等造南大像，高一百二十尺"，知第96窟即"北大像"，建于初唐武则天天册万岁元年（按延载只 年，二年实为天册万岁元年），即公元695年。又据在第130窟壁画覆盖的石壁小孔内发现的有开元十三年（公元725年）题记的丝绸，知第130窟即开元中所造的"南大像"，洞窟的始凿年代可能在开元初（公元713年）至公元725年之间。至于完工年代，据下层甬道北壁供养人乐廷瑰的结衔"晋昌郡太守兼墨离军使"推断，应在天宝、至德年间（公元742—758年）⑩。全窟施工期可能长达三十多年。

武则天当政在公元684年。公元690年，薛怀义与僧法明等十个和尚以《大云经》中有"一佛没七百年后为女王下世，威伏天下"语，乃造《大云经疏》以为武后受命之符。疏中称武则天是弥勒佛下生，理应做"阎浮提主"，代唐当天子。武氏遂向全国颁布《大云经》，令各州县建大云寺供奉之；同年登上宝座自称"慈氏越古金轮圣神皇帝"，改国号为周。一时，对弥勒佛的信仰大盛。敦煌石窟中就曾发现有《大云经疏》残卷。第96窟，应就是敦煌遗书中提到的大云寺，第130窟的弥勒佛也是在这种信仰影响下开凿的。

这些大像都没有直接暴露在外，而是在岩石的内部凿出，石胎外敷泥，赋彩。容纳大佛的洞窟是一个高耸的空间，下大上小，石壁向上弧转收小，下部平面是方形。第130窟为覆斗式顶；榆林窟第6窟为圆穹形顶，窟顶和壁面交接处转折自然，没有明显的界线。这种窟形处理能引起人的透视错觉益感空间的高耸。窟底佛像前的空间并不宽阔，人在窟底贴近地仰视大佛，更觉佛的庄严伟大而感到自身的渺小。佛像头部微微下俯、眼光下视，似与仰视者的目光相接，这种神人感应的效果，增加了宗教的感染作用。这种窟通向岩外的通道都不只一个，而是分上下层共二至三道。上层的通道，不但可供登临，以便就近瞻仰大佛面容，同时也是大佛头部的光线来源。这些采光口，使大佛上身不致于处在一片漆黑之中。现在我们看到的效果，大佛头部和胸部都颇明亮，腹部以下转暗，这样就突出了佛像造型上的重点。蓟县辽观音阁内的十一面观音立像高通三层，其顶层内槽当心间减去阑额一根，除有视线方面的考虑外，同时也改善了菩萨头部的采光，其用意也颇类此。同样的例子又如，在敦煌其它一些洞窟以及云冈、麦积山等处的一些洞窟，常常为了采光而在窟门上方的高处设置明窗。此外，这种分层的甬道，也透露了洞窟开凿时的一些施工情况，具体分析可见后述。

根据文献记载和现存状况，第96窟窟前附壁而建的多层窟檐至少有过五次修建：唐文德元年（公元888年）以前的《张淮深碑》曰："乃见宕泉北大像，建立多年，栋梁摧毁。若非大力所制，诸下孰敢能为。退故朽之摧残，茸玲珑之新样，……旧阁乃重飞四级，縻称金身；新增而横敞五层，高低得所。"知初建于初唐的窟檐是四层，后来在公元888年以前又重建为五层。又据宋乾德四年《凉国夫人浔阳翟氏重修北大像记》（见于日本松本荣一氏《敦煌画之研究》附录）曰："……遂睹北大像弥勒，建立年深，下接两层，材木损折。大王夫人见斯颓毁，便乃虔告焚香，诱谕都僧统大师，兼及僧俗官吏，心意决更无二三。不经旬时，缔构已毕"，知公元966年又有一次重修，主要是修缮底部两层，其五层之数恐未更动。但是，由二十世纪初拍摄的第96窟外观照片看，却又是四层，其结构十分简陋，用材细小，各层为硬山一面坡顶，应是清代重建的。这样算下来，1935年应是第五次动工了，又改为现在的九层楼；虽施工未精，但檐牙高啄，轮廓错落，不失为莫高窟一景。

第130窟今天只余上层甬道外平台上一座单层三间歇山小殿，是清代建筑。根据该窟窟前岩壁上遗留的许多梁眼遗迹，估计原来窟前有三层楼阁：底层五开间，上两层均为三开间。目前已在该窟窟前进行考古发掘，期待能有新的发现。

榆林窟第6窟窟前现无窟檐，岩面上也没有什么重要遗迹。

# 六 背屏式

五代、宋初，曹氏家族统治着瓜沙一带，由他们主持，在敦煌开凿了一批大型洞窟，有的面积可达二百平方米左右。这些洞窟靠近后壁都有背屏。背屏式的窟形接近覆斗式，也是平面方形、覆斗顶，但顶的四角常有稍稍凹进的弧面，弧面上画天王。背屏式窟的四壁都不开龛，而将佛、菩萨等造像安置在窟内中部靠后的坛上。坛四周与四壁之间保持一定的距离，可作通道。所谓"背屏"是凿窟时在坛后沿留出的一面石壁。石壁高达窟顶，厚约一米，宽约四米以上。由于在坛上紧靠这面石壁正是主尊的地位，故习称这样的石壁为"背屏"（如五代第98、100、108、146窟，宋代第55、61窟等，见图26、27）。有的研究者认为此种佛坛和背屏的布局来源于中心塔柱式。这是值得商榷的。因为寺院中心佛塔的布局已成往事，即使仍偶有出现，却并不普遍，不致影响到石窟形制的演变。我们认为，背屏式的洞窟形制是覆斗式的发展，与中心塔柱式并无密切的关系。洞窟中"凹"字形或矩形的佛坛以及背屏，同佛殿内部的布局如出一辙：背屏相当于佛殿中的扇面墙。晚唐佛光寺大殿（图28）就设有扇面墙，墙前筑有矩形佛坛。更早的南禅寺大殿（图29）和辽代大同华严寺薄迦教藏殿（图30），佛坛都是"凹"字形，虽然没有建筑扇面墙，但主尊的背光圆光直通室顶，也同洞窟里的背屏很相似。大同善化寺辽建大雄宝殿也是这样的情况。同寺金建三圣殿（图31）佛坛后又有了扇面墙。凡此，足以说明背屏式洞窟形制确实是对于佛殿的模仿，这与中晚唐覆斗式洞窟模仿佛殿的做法是一致的。

此型窟的甬道很深，一般可达六、七米，有的可达九米。这从工程力学的角度来看，是很有必要的。因为窟室跨度大，窟顶的水平推力和垂直压力也大，在岩质欠佳的情况下确实需要一个颇厚的前壁来承受。这一批洞窟的宏大规模反映了五代至宋曹氏家族统治时期敦煌经济的发展。

背屏式是五代、宋的代表窟形。在此以前，也曾个别地出现过背屏式窟，如稍早于公元893年凿建的晚唐第196窟。另外，初唐开凿的第205窟和榆林窟中唐第25窟（图1），都是覆斗式窟顶，四壁无龛，造像塑在窟内方坛上，只是没有背屏；它们是覆斗式和背屏式之间的过渡

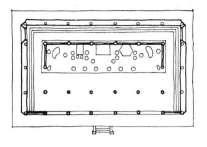

图28 五台山佛光寺东大殿平面（唐，公元857年）

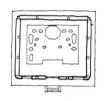

图29 五台山南禅寺大殿平面（唐，公元782年）

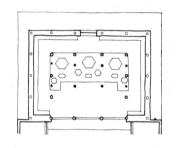

图30 大同华严寺薄迦教藏殿平面（辽，公元1038年）

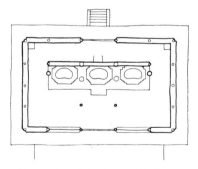

图31 大同善化寺三圣殿平面（金，公元1128—1143年）

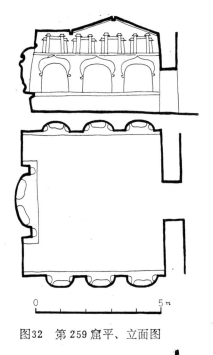

图32 第259窟平、立面图

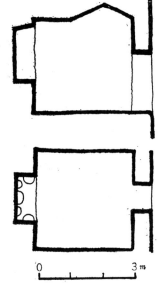

图33 第423窟平、立面图

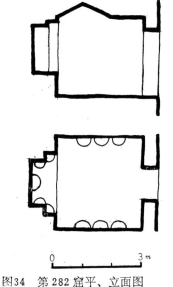

图34 第282窟平、立面图

形制，是背屏式的前导。

以上六种形制中，中心塔柱式、覆斗式和背屏式可作为先后三个阶段的代表形制，其中覆斗式窟数量最多，除盛行于隋、唐之外，其他各代都有凿建。至于毗诃罗式、涅槃窟和大佛窟都是为了满足某种特定需要而凿造的，数量不多。我们还注意到，除了北朝盛行的中心塔柱式以及毗诃罗式同印度的窟形颇有相通之处外，隋唐以后盛行的覆斗式、涅槃窟、大佛窟和背屏式都是中国所特有的石窟形制。这似乎也从一个侧面反映出佛教和佛教艺术在传入中国之后，逐步完成了中国化的进程。

除以上六种外，另有一些次要的形制，值得提出来讨论：

一、第275窟平面纵长，顶作左右双披盝顶形，是敦煌石窟形制中的孤例，以后再未出现过。与第275窟比邻的还有，第267～271窟，为毗诃罗式；第272窟大体可看作覆斗式，这两种形制以后虽有采用，但都有较大的变化。这几个窟是莫高窟现存最早的一批洞窟，它们各不相同的几种窟形，应是佛教石窟寺开凿初期，匠师们对洞窟形制还在作着多种探索的一种反映（图14）。

二、北魏的第259窟形制有些特别，它的平面略呈方形，后壁凿出一个类似在中心塔柱式窟中所见塔形的正面，其下部也有塔座，上部是塔身，塔身正中也凿一圆券龛，内塑释迦、多宝二佛并坐像，龛外左右各有侍立菩萨。此窟窟顶前部也有人字披，后部是平顶。左右壁各有上下二列龛；上列四龛作阙形，内塑交脚菩萨和思惟菩萨；下列三龛是圆券龛，内塑禅定和倚坐佛像，龛内两侧都有侍立菩萨（图32）。

此窟形制除了后壁只凿出部分塔形，而且没有凿出绕塔的回行通道以外，均与中心塔柱式窟非常相像。其后壁的"不完整"的塔形，仅从形象上即可判断所表现的无疑是塔。可以认为，中心塔柱式窟的塔是圆雕的，此窟的塔是浮雕的。同时，从佛经内容上也同样可以得到说明：按，释迦、多宝二佛并坐取材于《法华经·见宝塔品》，依经所述，释迦、多宝并坐是在塔中，名为多宝塔。这在敦煌历代壁画中是常见的题材。

值得注意的是第259窟属北魏早期，而敦煌的中心塔柱式窟在北魏中期以后才出现，故就敦煌而言，似乎不妨说259窟的形制是中心塔柱式窟的先导。但就全面的情况而言，源于印度的绕塔回行的礼仪在佛教传入中国之初就已同时传入了，那种中心建塔的寺院形制在东汉时已经存在；同时在新疆克孜尔石窟中，早期窟形也多数是有回行道的，其时代上限目前虽仍无定论，但终不能排除有早于北魏的可能。所以宁可认为第259窟的形制是一个特例，不必要强调它对中心塔柱式窟的渊源关系。归根结底，中心塔柱式窟自有其宗教内容上的依据，非徒形式上的嬗变而已。

三、隋代有个别洞窟，也采用了与中心塔柱式窟相类似的窟顶，即由前部的人字披和后部的平顶组合而成。第423窟就是这样的（图33），它没有凿出任何塔形，只在后壁开一龛，所以在意匠上已经不再强调塔的地位。此种形制可以说是介于中心塔柱式窟和覆斗式窟之间的，是中心塔柱式窟窟顶形式的余波。

此外，隋代第282窟略同于第423窟，只是它的人字披却在后部，而将平顶置于前部了（图34）。

四、石窟中经常出现后代利用前代洞窟重新画壁塑像的现象，其中有少数对窟形也作了一些改动，以求符合重修者的观念。例如第263窟，原来是一个典型的中心塔柱式窟。西夏重修时将窟形加以改造：凿去人字披上塑出的椽方；在窟室内靠近前壁处加建土坯墙，以减少进深；最值得注意的是把原来的中心塔柱改为一座只有正面开成一个深龛的佛坛，龛顶作四周有竣脚的平棊，坛内列"凹"字形平面的佛床，上塑佛、菩萨像（图35）。这种三面围以墙壁的佛坛曾见于唐佛光寺大殿，下至宋、元均有沿用。例如正定隆兴寺宋建摩尼殿（图36）和现在芮城的元代道教建筑永乐宫三清殿，都是如此（图37）⑪。可见重修石窟者的意图也是模仿当时寺庙里的佛殿。

最后，我们还要谈谈石窟开凿的施工。我国使用火药来开山凿石，大约起于南宋，当时敦煌造窟已近尾声，即或有所使用，亦属个别。事实上莫高窟的造窟碑记和文献中都不见有使用火药的记载。有关文献曾提到过开凿用的工具：如《张淮深造窟记》："攒铁锤以和石，架□錾以傍通"；《唐陇西李府君修功德碑记》："奋锤聱錾，楬石牴山"；《翟家碑》："于是斸锤竞奋，块圠磅轰，礚确牴山，宏开灵洞"；《阴处士修功德记》："遂则贸良工，招锻匠"……等，说明工匠们只是使用了这些铁锤、钢錾等简单的工具。千余年来，一锤一錾，相继不绝，成就了几百个洞窟，其工程的艰苦，可以想见。

各窟开凿所用的时间，须依工人的多少和洞窟的大小而计，现在已难确知。仅据《张淮深碑》记晚唐开凿第94窟："是用宏开虚洞，三载功充"，用了三年的时间。第94窟的规模属于中型偏大。若论像第61、96、98和130窟那样巨大洞窟的开凿，想必需要花费更长的时间，有的甚至要经过几十年。

莫高窟石质属砂砾岩，表面风化层相当疏松，有些地方，稍加挑拭即有石粒落下，但岩层内部仍是相当的坚硬，錾锤施之，也不是容易的事。然而这种岩石，以水浸泡，可稍微酥解。六十年代，在加固工程开凿基底时，为了保护洞窟而不使用炸药，工人们就用了浸水的方法，可以省力，估计古人也有可能采用此法。

洞窟开凿程序，文献没有记载，但由石质情况和某些窟形来判断，至少在大型窟内，应是采用下挖法来施工的。如前举几座大佛窟，位于前壁的甬道有上下数层，应该也与施工有关。估计是先开凿上层甬道进入窟内，凿出窟顶，再逐渐下挖，下挖时利用中层甬道出碴，挖过中层甬道后再利用下层甬道出碴，如此完成全窟。先凿出覆斗形窟顶，可以保证施工中上部不会坍落，比较安全。下挖施工用力方向朝下，易于着力，且便于利用水浸法。至于一般大、中型洞窟，也很可能是开完甬道后即斜上凿导洞至顶，扩大窟顶后再逐渐下挖成型的。

通过对敦煌石窟形制的研究，我们可以看到，作为佛教文化现象之一的石窟形制，是与佛教的发展有密切关系的；同时，它也和当时木结构建筑的佛寺、佛殿等有紧密的联系。多种多样的石窟形制也为我们探讨我国各地石窟之间的相互关系以及中外文化交流的情况提供了重要的资料，对于研究古代石窟开凿的施工方法也提示出一些线索。本文试图对这些问题都作一些探讨，所论是否确当，愿就教于各方专家。

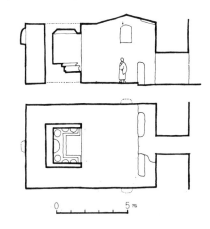

图35　第263窟平．立面图

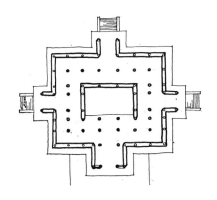

图36　正定隆兴寺摩尼殿（宋）

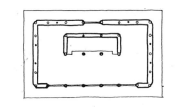

图37　芮城永乐宫三清殿平面（元）

⑪　永乐宫三清殿是道教建筑，但中国的道教建筑在很大程度上往往仿效佛教建筑，故此处也引之为例。

# 佛教故事画与敦煌壁画
## ——专论敦煌前期的本缘故事画

高田修

  敦煌莫高窟壁画中，佛教故事画及故事题材的画幅是很多的。这些壁画可大体分为以下两种：（一）起源于印度的小乘佛教故事画，即所谓的佛传故事画、本生故事画和譬喻故事画（因缘故事画）等描绘本缘故事的图画；（二）主要是图解佛经特别是大乘经典经义和故事的绘画；这两种样式复杂的经变与变相，在中国得到了独具特色的发展。由于它们都是依据佛典作故事性的表现，故统称佛教故事画。

  在这两种佛教故事画中，第二种的经变与变相多见于隋、唐以降的各窟，为敦煌壁画的主体；虽不免在画法和构图上陷入公式化，但因为大都是用巨大的画面来增加窟内的庄严气氛，却使它具有一种不同于尊像画的特殊的感染力。非但如此，在《历代名画记》等绘画史籍中，对长安、洛阳等地寺院的各种壁画变相只提到其名称，并无详细的记载，在这一点上，敦煌壁画给我们提供了参考，其价值确实珍贵。敦煌的变相，数量与种类多得可观。这早有松本荣一氏的值得敬佩的研究①。然而在那时，他只能根据过去的照片，资料很不充足，所以仅限于从图象学角度对壁画题材和内容作一些考证与解题的工作，遗留下来的问题不在少数。我只参观了寥寥几窟，深有感触，痛感亲临实地考察的必要。因此，对于变相画的研究只好等待本书全五卷提供完备的资料，或期待敦煌文物研究所各位先生的综合研究，目前我们尚无发言权。

  但是，关于第一种佛教故事画（本缘故事画），由于它们多见于早期诸窟，又经这次出版的本书第一、二卷图版将其主要画幅几乎包容殆尽，因而我们多少获得了一些发言权。以下综述敦煌早期壁画中的本缘故事画，同时还与佛教世界尚存的故事画特别是它在印度和中亚的源流加以比较，从而论述敦煌故事画的倾向和特点。

  在进入正文之前，首先对本文所论佛教故事画作简要说明。我们所讲的本缘故事，包括佛传、本生故事、譬喻故事三种。所谓佛传，不言而喻，指的是用宗教色彩润饰过的有关佛陀释迦牟尼生平事迹的一系列传说。释迦牟尼在前生（相传有五百年）积行善世的故事，叫做阇陀伽（Jātaka），即本生故事，集录成的经典就名为《阇陀伽》（本生经）。譬喻故事原文叫做阿波陀那（Avadāna），中国的佛典经常译作譬喻，它的原意是"引人注目的行为"、"宗教上或道德上的善行"，也指关于这方面的故事（温特尼茨语）。本生故事与譬喻故事都是以善因善果、黑业黑果的业报和轮回说为前提的因果报应故事，彼此类似的地方很多。本生故事专讲佛陀释迦牟尼本人前生的故事，而譬喻故事则讲的是佛弟子及未出家信徒的故事，在这一点上两者有所区别。有的是前生的故事，也有的是现世的故事。此外，在本生故事中，出场人物（或动物）与现世人物的联系总是由佛陀讲述出来，而在譬喻故事中则不尽如此。

---

① 松本荣一《燉煌画の研究——図像篇》（特に第1章，東京，1937年）。

这些故事是从很早以前在佛教徒中间流传下来的，最早起源于小乘教，内容通俗易懂，情节生动有趣，因而对佛教的教化、大众化以及传播和普及都曾起过极大的作用。本生故事的主角佛陀的前生特被称作菩萨。把菩萨的思想加以发展就是大乘教的菩萨思想；同时，凡实践佛教圣行即所谓波罗蜜行的人也都叫做菩萨，在故事中所强调的就是自我牺牲的"菩萨行"。佛教传到中国北方，在早期翻译的有关本缘的经典中，收录了很多这类实践圣行的故事，这一点无疑是和中国所接受的早期佛教的大乘性质与倾向相联系的[2]。

## 一 敦煌早期的佛教故事画

敦煌莫高窟早期（北朝至隋）诸窟中所见佛教故事画，大部分是佛传、本生故事和譬喻故事画等所谓本缘故事画。其中，北朝窟内的数量尤多，它们在窟内的庄严气氛中占据着十分重要的位置。至于后来盛行的经变相，在北朝时期还没有（仅有二佛并坐图），那是在隋代洞窟中才开始出现的[3]。

对于早期的本缘故事画，在过去出版的《敦煌壁画》[4]等书中曾有过一些介绍，但总是得不到对全貌的认识。最近，贺世哲氏的论文中开列出北朝故事画的表[5]，终于公布了它们的名称和位置；紧接着，这次本书第一卷出版，发表了丰富的图版，使人们得以具体弄清当时故事画的概貌。这当然不限于故事画这一个方面，对只能靠过去发表的照片和短期实地参观而进行研究的我们来说，确实受惠非浅。

承蒙本书出版，本文能够首先将当时的故事画加以综合并列出一览表，以便掌握北朝佛教故事画的全貌，同时为研究提供资料。在制表时，首先参考了本书的图版及其说明，也参考了上述贺氏的表以及百桥明穗氏关于本生、譬喻故事画的详细考证文章[6]。表中的壁画位置和年代均依照本书，壁画题名则根据汉译佛经作了若干更改，同时附注印度原名及每一故事的出典（除佛传外）[7]。另外，收在第二卷的第301窟，因据第一卷为北周窟，故亦在本表中列出（第二卷刊为北周末隋初）。

《敦煌北朝佛教故事画一览表》（有 * 号者为连环画形式）

| （题材） | （窟号及位置） | | （时代） | 第一卷图版 |
|---|---|---|---|---|
| **佛传故事画** | | | | |
| 1. 出游四门 | 第275窟 | 南壁 | 北凉 | 15, 16 |
| 2. 降魔1（魔军与魔女） | 第254窟 | 南壁 | 北魏 | 33, 35 |
| 3. 降魔2（魔军与魔女） | 第263窟 | 南壁 | 北魏 | 61 |
| 4. 降魔3（魔军与魔女） | 第260窟 | 南壁 | 北魏 | 51 |
| 5. 初转法轮（三轮宝与二鹿） | 第260窟 | 南壁 | 北魏 | 60 |
| 6. 乘象降下（入胎） | 第431窟 | 塔柱南龛外 | 北魏 | （贺氏） |
| 7. 骑马出家（逾城） | 第431窟 | 南壁 | 北魏 | （贺氏） |
| 8. 降魔4（魔军与魔女） | 第428窟 | 北壁 | 北周 | 163 |
| 9. 诞生（右胁出生） | 第428窟 | 西壁 | 北周 | 165 |
| 10. 般涅槃（佛弟子围绕） | 第428窟 | 西壁 | 北周 | 164 |
| 11. 佛传*（多幅场景） | 第290窟 | 人字披东、西披 | 北周 | 176, 177 |
| 12. 佛传（烟熏未详） | 第294窟 | 窟顶 | 北周 | （贺氏） |

② 关于佛教故事和佛教故事画，请参阅本人旧著：高田修《仏教の伝説と美術》（三省堂，1641年，其中个别地方已有修订的必要）；另见干潟龍祥《本生経類の思想史的研究》（東京，1954年．改訂1978年），同《ジャータカ概観》（東京，1961年，補訂1972年）．

③ 对佛传画中的降魔图与般涅槃图通常加"变"或"变相"字样（如降魔变、涅槃变相），但是这样的用语和画幅都是唐代才流行开来的，本文只限于论述敦煌早期，所以没有使用．

④ 敦煌文物研究所编《敦煌壁画》，文物出版社1959年版．

⑤ 贺世哲《敦煌莫高窟北朝石窟与禅观》，兰州大学学报《敦煌学辑刊》第一辑(1980年)，pp.45～47．

⑥ 百桥明穗〈敦煌壁画における本生図の展開〉（《美術史》105，1978年，18～29頁）．

⑦ 出典主要限于隋以前译出的汉译经典，印度的原典极少。关于出典，请参阅：干潟龍祥《本生経類の思想史的研究》付篇〈本生経類照合全表〉。本书对各经名的略称等体例基本上依据此表．

以上都是题名业已判明的画幅。另外，看上去像是本生或譬喻故事画但还不能具体肯定题名的，有如第257窟下段西端的画面（接沙弥守戒自杀缘1之后，见第一卷第43图）；在各窟所见佛说法图中，估计也可能还有类似初转法轮等佛传中的场景。

以下谈隋窟中所见的故事画，对此虽然现在还不具备充分探讨的条件，但据本书第二卷刊载的照片，可以发表一些意见。

隋窟中佛传故事画甚少，只可举出如下三种题名共六例。其中，乘象降下（入胎）和骑马出家（逾城）左右相对成组，画幅小，绘在龛外左右两侧上部作为装饰。

**隋窟的佛传故事画**　　　　　　　　　　　　　　　　　　（第二卷）
　　　　　　　　　　　　　　　　　　　　　　　　　　　　图　版
　　1.乘象降下（入胎）1　　　　　　第278窟　　西壁正龛外北侧　　116
　　2.骑马出家（逾城）1　　　　　　第278窟　　西壁正龛外南侧　　115
　　3.乘象降下（入胎）2　　　　　　第397窟　　南壁正龛外北侧　　151
　　4.骑马出家（逾城）2　　　　　　第397窟　　西壁正龛外南侧　　149
　　5.般涅槃1　　　　　　　　　　　第295窟　　西壁龛顶　　　　　42
　　6.般涅槃2　　　　　　　　　　　第280窟　　人字披西披中央　　114

　　其次，本生故事画数量也很少，可以判明的仅九幅，题名则只有四种，都是以连环画的形式作细腻的表现；另外还有小幅图一景排列而成的连环画，因题名尚未判明，所以列在上表的最后。

**隋窟的本生故事画**　　　　　　　　　　　　　　　　　　（第二卷）
　　　　　　　　　　　　　　　　　　　　　　　　　　　　图　版
　　1.摩诃萨埵本生1*　　　　　　　第302窟　　人字披西坡上段　　10
　　2.睒子本生1*　　　　　　　　　第302窟　　人字披东披下段　　9
　　3.须大拏本生1*　　　　　　　　第419窟　　人字披东披　　　　85
　　4.摩诃萨埵本生2*　　　　　　　第419窟　　人字披西、东披　　83，85
　　5.须大拏本生*　　　　　　　　　第423窟　　人字披东披　　　　35
　　6.须大拏本生3*　　　　　　　　第427窟　　中心柱南龛基座方沿　58
　　7.摩诃萨埵本生3（残）*　　　　第417窟　　人字披东披　　　　33
　　8.睒子本生2*　　　　　　　　　第417窟　　人字披西披下段　　33
　　9.流水长者子Jalavāhana本生*　第417窟　　人字披西披上段　　33
　　　——金光明经卷4（15），大通方广经卷上
　　10.本生连环故事画*　　　　　　第302窟　　人字披东披上段　　9

　　排在最后的第302窟连环故事画，由十个画面组成。每一个画面的题名还不能全部弄清，从左边依次数去：第一、第二有房屋的画面寓义不明；第三剜眼施舍者为快目王本生（Sunetra）⑧；第四把头发系在树上斩首者为施头月光王本生（与第275窟的画像有区别）；第五图不详，疑为虔阇尼婆梨王本生⑨；第六身钉千钉（或五百钉）者为毗楞竭梨王本生（第275窟中已出现）；第七割股肉代鸽舍命者为尸毗王本生（第275、254窟中已出现）；第八是胳膊上缠布、浇油、点燃作火炬的灯明王Pradyotapradipa本生⑩；第九图不详；第十图可能就是为能听到一偈而向夜叉处跳下的有名的施身闻偈婆罗门本生（第285窟中已出现）。只是，那些不具备某一故事的特点、没有任何启示的画，它们的题名就难以判明了。

　　另外，同在第302窟内人字披顶西披下段画的是《诸德福田经》，图示七法⑪，可以看作是一种譬喻故事画。然而，更早些的第296窟窟顶北披东半部的画能否看作是同样的福田经变，百桥氏持反对意见，他用善事太子本生末尾的几个场景来解释，总之一时难以断定。

## 二　早期故事画的特点

　　就上述敦煌早期佛教故事画，谈谈它们的倾向与特点。
　　首先应该指出，比起印度阿旃陀 Ajaṇṭā 壁画和西域克孜尔 Kizil壁画，敦煌早期故事画的数量不算多，变化也不大。件数已如前表所示；就题材而言，除第290窟佛传画和第302窟本生画那样把不同的故事连结起来描绘的连环故事画之外，其余合起来就只有七幅佛传画、十一幅本

⑧　施眼的本生故事有《贤愚经》32的快目王故事，还有《佛本行经》的善目王、《悲华经》的功德力王、《大乘悲分陀利经》的福力王等各种故事，而在南传的故事中，Sivi（尸毗）本生即是施眼（见后述）。

⑨　这是讲一个国王为求闻一偈，挖身肉以燃点千灯的故事，见《贤愚经》1（2）虔阇尼婆梨王（"婆"系"娑"之误，Kāñcanasāra），《菩萨本行经》8度（虔）阇那谢梨王、《报恩经》卷2转轮圣王、《大智度论》卷49金坚王等。但是这里第五图中不知是否确有能据以判定故事内容的特征。

⑩　传说仁慈的灯明王退位后在山中修行得神通力，他应被困在黑暗中的商队的祈求，飞来制作了灯火。出典在《大乘悲分陀利经》卷7、《悲华经》卷9。克孜尔第17窟（菩萨天井洞）有更明确清晰的灯明王本生画（陈舜臣《西域巡礼》平凡社，1980年，图版）。

⑪　史苇湘《敦煌莫高窟中的〈福田经变〉壁画》，《文物》一九八〇年第九期，pp.44～48。

图1 降魔，阿旃陀第1窟，六世纪初期

图2 鹿本生，巴尔胡特，公元前二世纪后期

⑫ 关于第294窟的佛传画，贺氏文中只提到"烟熏不清"，没有介绍内容（见前引的表）。

⑬ 《出三藏记集》卷9《贤愚经记》（《大正藏》卷55，p.67）。这部经带到凉州的时间是北凉永和三年（公元435年）。参阅望月信亨《仏教大年表》（增订再版1932年，《望月仏教大辞典》6，第5版1966年），本书第一卷《敦煌莫高窟大事年表》（一）。

⑭ 由于中国方面的指教，现在知道可在克孜尔第101窟中见到能确定为该主题的壁画。

⑮ 尸毗王故事中有割肉贸鸽和施眼，前者见于北传故事，施眼则见于南传故事。但是在印度两者均见于壁画，施眼图题铭尸毗王。

生画和五幅譬喻故事画，仅此而已。不言而喻，其原因是往往同一主题重复多次，例如降魔出现四次，睒子本生出现六次，摩诃萨埵本生（投身饲虎）出现七次。反复表现同一主题，说明这些故事引起当时人们格外的重视和兴趣。同一主题频繁出现，这是敦煌壁画的一个特点。这个特点在隋代以后的经变相画中也是屡见不鲜的。

其次，在敦煌早期故事画中佛传画尤其少见，如果了解到后汉以降的一个短时期内有关佛传的各种经典翻译情况之盛，则不能不令人对此感到意外。不过，像第290窟，以连环画形式详细描绘了入胎、诞生到山中苦行等各种情景⑫，或可说明对于佛传题材并不少关注，但那是例外。频繁出现的乘象降下（入胎）和骑马出家（逾城），左右成对，只作为一种装饰，以致很难看作是佛传画。但是，除去最早的出游四门用了两个场景（原来是四个场景）来描绘之外，其它都是画成了单一的构图。特别是降魔、初转法轮和般涅槃三种以及譬喻故事画难陀出家缘，还有题名尚难判明的许多佛说法图，它们大都以巨大的画幅占据着重要的壁面，可见这些故事受到了特别的重视。这种情况到北周窟为止，到隋窟中就让位于大乘佛教的经变相画了。在这些佛传画中，降魔，尤其是第254窟的降魔（北魏），在构图及魔军的怪异形象上都与阿旃陀第1窟的降魔（图1）极为相似；初转法轮（第260窟）中的轮宝（在此是三个轮宝）和左右双鹿的构图也仍延袭着印度原来的形式，这一点是值得重视的。

另一方面，本生画的数量比佛传画要多，其中连环画形式的占半数以上，因此也就更显得多了。然而一如前述，它们也有反复多次描绘同一主题的特点。特别是从北周窟到隋窟，除第302窟的各种本生连环故事画外，还有共十九幅画，若按主题分只有六种，这就表明对某些特定主题的关注是过分集中了。但是，即使描绘的是同一个主题（多则重复七次），在它们的情节、景物的安排和表现技巧等方面却都有所区别，画匠和时代的风格也各不相同，因此从美术史的角度上看，都是既珍贵而又饶有兴味的。

敦煌的本生画都是描绘敢于实践超乎常人的自我牺牲的圣行，即"菩萨行"的故事画。在敦煌看不到在印度常见的那种根据纯朴而富有趣味的寓言、童话（《本生经》中有很多这类故事）绘制的画（图2）。唯一以鹿为主角的第257窟九色鹿本生，无疑也是作为出色的菩萨行而特别被选作画题的，它同单纯的动物寓言性质不同，这一点也反映出敦煌故事画在选题上的特点。

与此相关，敦煌的故事画在选择主题时，参照《贤愚经》的地方很多。如前表所示，第275窟较早的三幅故事画中的六种本生故事（另有两种譬喻故事）都出自该经。这类故事常见于各种经典中，各本之间歧异不少，而以《贤愚经》中所收故事较多，特别值得注意。据僧祐《经记》记载⑬，《贤愚经》是由河西僧人昙学等八人将于阗地区流传的故事记录下来，在高昌编辑并带到凉州，于刘宋元嘉二十二年（公元445年）翻译成汉文的。毗楞竭梨本生和沙弥守戒自杀缘在别的地方都没有见到过。

毗楞竭梨本生在《贤愚经》藏文译本中音译作 Byi-liṅ-gar-li，原名不详。除第275窟之外，第302窟本生连环故事画的第六图也正是这个故事，但在印度和克孜尔等地却都找不到它的先例⑭。有名的尸毗王本生⑮在佛教世界的各地壁画和浮雕中都能见到（图3），尽管画面繁简不一，但都画出切割股肉的尸毗王、称肉的秤及鸽子等，即使第254窟单幅画中的众多人物和飞天之间，也能看到画得很小的捕捉鸽子的鹰、秤和鸽子。还有月光王本生，那把头发系在树上斩首的故事，第302窟连环故事画的第四图就描绘了这个场面；第275窟则画出盘中盛着三个七宝做成的头（经书中是一个头），哀求以此代替国王的头。

图3 尸毗王本生（部分（，秣菟罗，2世纪后期

敦煌最常见的摩诃萨埵本生在《本生鬘论》Jātakamālā 中题为牝虎本生 Vyāghri-jātaka，在汉译经典中主角大体都是摩诃萨埵，而日本法隆寺玉虫厨子台座所绘称"投身饲虎"，这种叫法最普遍。这个故事在印度只有浮雕一例，但在克孜尔等西域地区保存下来的却很多（图4），并且画面都很简单，突出表现投身饲虎的场面。在敦煌，摩诃萨埵本生则是以多场景的连环画形式描绘，颇为详尽。尤其在第428窟中，它和须大拏本生一样，都以极其美丽的画卷展开在壁面上。须大拏本生是在印度流传最广的毗斯森塔拉Vessantara（毗输安呾罗Viśvantara）太子的故事，因其布施行为的彻底而得名须大拏（Sudāna，意即善施）；印度的作品很多，其中描写最详细的是山奇 Sānchī 大塔北门的浮雕（图5）和阿旃陀第17窟的壁画。九色鹿本生是敦煌唯一以动物为主角的本生故事画。在印度最古老的巴尔胡特 Bhārhut 壁画中已出现过"鹿本生"Miga-jātaka（图2），在犍陀罗 Gandhāra、克孜尔等地也都能见到，但却从没有像敦煌有五、六个场景的连环画这样富有趣味的作品。新考定的婆罗门本生故事画相当于绘在玉虫厨子台座上的施身闻偈，这个故事出自大乘佛教的《大般涅槃经》卷十四，估计第302窟本生连环故事画中的第十图所表现的也是同一个故事。这种为了听到一偈或半偈而牺牲身体的故事是很多的。

图4 摩诃萨埵本生，克孜尔，西柏林国立印度美术馆藏

睒子本生是在数量上仅次于摩诃萨埵本生的画题，这大概是因为孝养父母和孝子回生的内容备受欢迎。其故事出自《本生经》等经典中，在印度山奇（图6）、犍陀罗等地的浮雕和阿旃陀的壁画中均可见到，在汉译佛经中亦属常见。在敦煌北周至隋代洞窟中画过六次，都是采取连环画的表现形式。第296窟中的须阇提本生，在印度却罕见，只在北传的汉译经典中才有记载，在克孜尔壁画中也有几例（图7）。那些壁画都描写了濒于饿死的国王为了生存下去，举刀欲杀怀抱着孩儿（太子）的王妃，画面简洁⑯，没有一幅像敦煌壁画描绘得那样详细。同在此窟中的善事太子本身，是以连续二十多个场面组成的连环故事画，可知故事大体出自《贤愚经》，但画面最后部分（覆斗形窟顶北披东半部）所描绘的情节尚有疑问，有人认为是《福田经》中所述七法的图画⑰。这幅本生故事画是从未见过大海的画家画的，因而渡海的场面极其简率；与此相反，阿旃陀第1窟同一故事的壁画⑱中大船航海及海上遇难的场面（部分剥落）却画得笔调生动，耐人寻味（图8）。

⑯ 例如克孜尔第17窟（菩萨天井洞）窟顶右面的画（见前引陈舜臣著作图版R20）。

⑰ 见前引史苇湘论文。

⑱ 考定此画主题是近几年的事情，见：D, Schlingloff, Kalyāṇakārin's Adventures, the Identification of an Ajanta painting(Artibus Asiae, XXXVII, 1976, pp.5~28).

图5 须大拏本生，山奇北门（背面），纪元前后

图6 睒子本生,山奇西门,纪元前后

图7 须阇提本生,克孜尔,西柏林国立印度美术馆藏(Le Coq：Spätantike，V)

⑲ 另外,在敦煌本《大通方广经》卷上还有这个故事的概述,特此附记(见《大正藏》卷85,p.1341).

⑳ 西柏林国立印度美术馆藏克孜尔壁画：Nr.IB8851~8852,8886~8888.——A. von Le Coq u. E. Waldschmidt, Dle bud. Spätantike in Mittelasien, Bd.Ⅵ, 1928, Tat.A, B, C.

㉑ 关于须摩提女故事的考定,可参阅李其琼、施萍婷《奇思驰骋为"皈依"》,兰州大学学报《敦煌学辑刊》第一辑(1980年),pp.74~77.其中介绍的克孜尔壁画,据中国方面指教,可见于克孜尔第178窟等处.

最后谈谈第 417 窟人字披西披上段的连环故事画,判定它是《金光明经》中所述流水(Jalavāhana)长者子本生是不会错的,说的是 为了从即将干涸的大池中营救鱼类而借国王的大象运水,并且把自己家里的食料全部提供出来的故事。隋代其它本生画题材都经反复多次描绘,唯独此图只有珍贵的一例,这是值得注意的⑲。

关于第 302 窟中一图一景排列而成的本生连环故事画,已见前述。这类壁画在克孜尔也能看到几幅(图9)⑳。

譬喻故事画共有七幅,但不见于隋窟。它们大都描绘了几个甚至很多的场景,只有难陀出家缘采用了佛说法图的构图形式。但是那幅画画的是否真是难陀出家缘的故事,就画面来看还是存有疑问的；假定把坐在佛陀右前方的年轻僧人形象认作难陀,那么画上却根本没有表现这个有名的故事中所讲的难陀结婚和他被强制剃发出家以及随佛陀上天界下地狱亲眼目睹等情景；另外,画上坐在佛陀左前方的贵人(或国王)形象也是难以解释的。 印度那伽尔朱纳康达 Nāgārjunakoṇḍa 的浮雕和阿旃陀第16窟的壁画(图10)都是作故事性的描写,前者有随佛陀飞在空中看见丑陋的猴子和天界的美女(天女)的画面,后者还更有戏剧性,描绘了失神的难陀新娘、难陀剃发出家以及在空中飞翔等场面。

其它的譬喻故事不难认定,所画都是特定的主题,需要特别指出的是,除须摩提女故事㉑以外,别的都只能在敦煌见到。这其中,沙弥守戒自杀缘讲的是,矢志随师出家学道的沙弥,受到年青美女的诱惑,但想起了师长的训戒,为了不犯淫邪的大戒,于是刎颈自杀；这个故事仅出于《贤愚经》,有两幅壁画依照经文比较忠实地描写了这个故事。只是,画面以在火光三昧中焚身的形式来表现自杀㉒,那可能与比丘自杀亦被戒律所禁止有关。

须摩提女故事的情节是饶有兴味的：笃信佛教的信女须摩提和信奉外道(婆罗门教)的远方国家长者之子满财结婚,借此教化那个异教之邦,神通广大的佛弟子们变化各种鸟兽乘坐着由空中飞来,最后是佛陀

图8 善事太子本生(部分),阿旃陀第1窟,六世纪初期

亲自飞来,终使教化获得成功。但是壁画画得比较简略,连环画的大半用来描绘变化为各种乘物(大部分是鸟兽)飞翔的佛弟子;从乘物的数量上可以肯定,这幅画是根据《增一阿含经》画的[23]。总的来说,这幅主要画空中飞翔的故事画、前述守戒自杀故事画和九色鹿本生画等,都同在第257窟内,彼此相呼应;三幅画又都出自同一画家之手,表现手法很有特色,笔致轻妙,颇有雅趣而独具魅力;在故事描写上也能抓住重点,构图出色,这些特点都是引人注目的。

五百强盗皈佛故事画,突出的是其构图巧妙和丰富的表现力,其中以第285窟的壁画为最佳。故事出典在昙无谶译的大乘《涅槃经》卷十六,再不见于别处[24];《法显传》和《大唐西域记》中记述祇园精舍附近有得眼林(Andhavana,盲人之林),在那里曾有五百盲人(盗贼)复明,欢喜而投杖地下,于是生根长成了树林,记述的是这个传说的梗概。我国的故事集《今昔物语集》中也有"舍卫国五百群贼语",内容上颇有些距离,恐怕是出于误传。

最后谈一下微妙比丘尼因缘故事,它和前述善事太子本生一起,都在第296窟的覆斗形窟顶斜披以上下两段多场景的连环画形式作详细的描绘,它忠实地再现了《贤愚经》中的故事。故事是作为那个女子本人的自述:她被不幸的命运所摆布,尝遍了无限的辛酸,最后受到佛陀的拯救,出家成为比丘尼。同样的故事可见《大方便佛报恩经》卷五的华色比丘尼,但情节要简略一些[25]。

以上,就早期的佛教故事画,按佛传画、本生画、譬喻故事画的顺序依次作了概述。过去,美术史家们对于这些壁画的表现形式以及与此密切相关的故事出典等问题,多少有所触及,百桥氏曾对本生和譬喻故事画作过详细的分析[26]。因此,本文不再对那些问题进行过细的探讨,现单就遗留下来的两三个有关早期故事画总体上的问题发表一些意见。

首先要指出,这些故事画多集中在少数几个窟中。最早的第275窟和北魏254窟各有佛传、本生、譬喻故事画四种,北魏第257窟和西魏第285窟各有本生、譬喻故事画三种,另外北凉第428窟有佛传画三种和本生故事画二种,第296窟有本生、譬喻故事画共四种,以下北周末至隋代有二种的计四窟、有三种的计二窟。凡此说明,在选择主题的同时,为了增加窟内的庄严气氛,对故事画的题材表现出强烈的关注。例如,第257窟和第428窟中,在画着佛说法图和单调地铺满了千佛的侧壁下部(腰壁)配上连环故事画,不仅画面的描绘引人入胜,窟内的庄严气氛也加强了。

其次要说明的是窟内故事画所在位置的问题。在较早期洞窟中,一部分佛传画和本生画占据了侧壁的重要位置,组成连续多场景的连环故

[23] 火光三昧(或谓火界三昧)出自法显译小乘《大般涅槃经》卷下,相传佛陀的最后一个弟子须跋陀罗跳入"火界三昧",先佛陀得般涅槃,可参看第295窟般涅槃图中所表现的这一内容(本书图版42)。

[23] 支谦所译单一的经《须摩提经》中只讲到五种乘物。此经的明本依据《增一阿含经》作了修订(文字几乎相同)。《增一阿含经》在公元384～385年由昙摩难提译出,397年由僧伽提婆修订。

[24] 《经律异相》卷五中的故事是由同一部《涅槃经》(三十六卷本)摘抄简述而成的,至于注记《大方便佛报恩经》卷七也刊有同样的故事则是错误的。

[25] 微妙或华色比丘尼,无疑是和古佛典中出现过的莲华色 Utpalavarṇā 比丘尼为同一人。《五分律》卷四中讲述了相当于这个故事原型的莲华色比丘尼不幸的前半生。

[26] 见前引百桥论文。

图10　难陀出家故事（部分），阿旃陀第16窟，五世纪末（Gh.Yazdani：Ajaṇṭā）

事画；而稍晚的故事画则多画在不大引人注目的覆斗形窟顶四披或者窟室前部人字披顶的东西两披上。这种情况在佛传画和譬喻故事画比较少见（各一例），在本生画却非常之多（北周窟有六例、隋则共有九例），这是值得注意的。毫无疑问，这就表明原来起源于小乘佛教的本生故事题材后来不再受到重视了。这里联想到克孜尔千佛洞的本生画也是在圆形窟顶的左右弯曲面上，画面一个接一个地数量很多，画得很精细（例如克孜尔第17窟的壁画）这可以与敦煌本生画多在窟顶的情况联系起来考虑。又如前述第302窟那些一图一景排列成连环画形式为数众多的本生画，在从克孜尔取走的那批东西里也可以见到几种，因此两者之间的关系是显而易见的，甚至年代上也是大体同时的。

　　这些画在高高的窟顶上由许多连续排列的小场景组成的故事画，人们能否用肉眼看清它们的内容呢？石窟内部并不十分明亮，但是除了入口之外，有的洞窟还开了明窗，用以采光，因此除去部分壁面和窟顶（尤其是西壁），尽管程度上有差别，画面大体都能辨认清楚。这一点和阿旃陀石窟不同，在那里没有灯火就几乎什么也看不见。当然，要把这些连环故事画中描写的每一个情节的细部都看得很清楚，实际上也是很不容易的，特别是那些窟顶上的画。在敦煌早期的最后阶段，这些故事画尤其是本生故事画都画在条件最差的窟顶，不如说是被赶到窟顶上去了；克孜尔的情况也是如此，故事画只起着增强窟顶庄严气氛的作用。这与本生画数量的减少以及同一主题反复出现的倾向联系起来，都是人们对本缘故事画的兴趣下降的佐证。在另一方面，从隋窟开始主要是出现了人称大乘经典绘画化的经变即所谓的变相画，从此，以本缘故事画为主要题材的时代即告结束，而进入了变相画盛行的时代。

　　[后记]　据本书的图版，隋代的佛传图还有以下的一幅，特作补充：

乘象降下（入胎）　第280窟　西壁北侧上部　　图113
此外，它是与骑马出家不成一对的一个例子。

# 图版说明

霍熙亮　李其琼　欧阳琳　关友惠　刘玉权　黄文昆

## 北周末隋初

**1　第301窟　窟室内景**

此窟为北周末、隋初之间所建，主室平面方形，覆斗顶。西壁中部开一圆券形龛。龛内存佛塑像一身，身后绘火焰背光，龛内南、北侧各画菩萨二身，龛外胁侍塑像已毁，仅存莲座。龛顶两侧各画伎乐天二身。龛楣画莲花化生；采帛龙首龛梁，已残。龛下画莲花图案。南壁上段画千佛，中部画说法图一铺，说法图以下画药叉。下段，说法图以西画男供养人及药叉；说法图以东画女供养人，存十身，余模糊。北壁上段画千佛，中部画说法图一铺。下段，说法图以东存比丘尼、优婆夷；说法图以西存供养人及药叉。东壁上段画千佛，下段画供养人及牛车。

**2　第301窟　窟顶东披　萨埵太子本生之二**
**3　第301窟　窟顶北披　睒子本生**
**4　第301窟　窟顶南披　萨埵太子本生之一**

覆斗顶中央为斗四藻井，莲花井心，垂幔铺于四披。窟顶外周西披画莲花摩尼宝珠，两侧伎乐飞天，下接正龛楣饰。北披画睒子本生故事；左端画睒子在山中侍奉盲父母修行，右端画国王进山射猎，中间表现睒子遇难和获救。南披自西端起画萨埵太子本生；依次表现太子辞行、山中狩猎、观看饿虎和林间憩息等情节。故事转入东披，画太子投身饲虎，二兄见尸骸悲恸、还告父母，至北端起塔供养结束。

**5　第301窟　东壁南侧　供养人与牛车**

壁面下段画供养人及药叉形象，东壁两侧则表现供养人行列中的车辆和牛、马。图中女供养人虽已漫漶但无损身姿和动态的生动，牛车的造型富于装饰美，驭者深目高鼻，显然是西北少数民族的形象。这样的场景在各洞窟中是最富有现实意味的画面。

## 隋

（公元581—618年）

**6　第302窟　北壁前部上方**

此窟主室平面长方形，前部人字披顶，后部平棊顶，后部中央有中心塔柱。中心塔柱作须弥山形，上部作圆形七级倒塔，各级原贴有影塑千佛，已尽剥落，最下一级塑出仰莲，并有四龙环绕。下部作方形台座，分两层，上层四面开龛，东、南向龛内塑一佛二菩萨，西、北向龛内塑一佛二弟子；下层壁画重层，表层为宋画，底层为隋画供养人及发愿文，其北向面发愿文中可见"开皇四年六月十

一日"纪年，由此可知此窟建造的时间。四壁上沿画伎乐天并天宫栏墙（凭台）、帷幔一周。东壁帷幔下，门上画说法图一幅，门两侧画千佛。南壁前部画千佛与药师佛一铺，后部画千佛与说法图一铺，中部塑像存一佛一弟子一菩萨。北壁前部画千佛与释迦、多宝佛一铺，后部画千佛与说法图一铺，中部塑一佛二弟子二菩萨（均残）。西壁画千佛，塑一佛二弟子二菩萨（均残）。四壁下部表层均为宋画比丘尼与女供养人，多处露出底层隋画残迹。前部人字披顶东西两披均绘故事画，后部画平棊。图中可见北壁上部人字披下山面所绘散花、伎乐飞天与天宫栏墙，以及人字披顶故事画，后部平棊可看出是经过后代重绘的。

**7　第302窟　中心柱上方平棊顶　说法图**

主室后部平棊顶已经西夏重画，现仅存隋画说法图一铺及平棊藻井图案一方，均已残。图为说法图残存部分，可见原画为一佛八菩萨。菩萨皆持花供养。伎乐飞天画在下方，完全是为了适应所画部位的形状。

**8　第302窟　北壁后部　说法图**

画面依然是主佛结跏趺坐于中间须弥座上，二身立姿菩萨胁侍，上有宝盖，下有莲花，背景有双树、天花；虽是常见的格局，但已相当着力于环境场景的描绘，未尝不可看作是以后大量经变画出现的先声。

**9　第302窟　人字披顶东披**

前部人字披顶东西两披所绘故事画，画面分作上下两段横幅长卷。东披上段大体以独幅画形式一幅接一幅地联成横卷。左起头两个画面不详，此后依次为快目王施眼、月光王施头、虔阇尼婆梨王剜身以燃千灯、毗楞竭梨王身钉千钉、尸毗王割肉贸鸽、施身闻半偈等，共计约八种本生故事题材。虔阇尼婆梨王本生故事说，过去有虔阇尼婆梨王心好妙法，布告人民：谁能为说妙法，当给其所需。时有婆罗门名劳度叉，来至王宫称：大王如能于身上剜燃千灯用供养者，我当为之说法；并唱言："常者皆尽，高者必堕，合会有离，生者皆死。"国王喜极，闻偈语毕，即剜身点燃千灯。快目王本生故事说，过去富迦罗拔城有国王名快目，眼目清妙，乐善好施。有盲婆罗门，来至王宫求施王眼。国王欢喜，即令剜己眼布施。诸天神闻知云集虚空，散诸香华，问国王有无痛悔。王言为求佛道决无悔恨，言罢双目复明如故。其余故事均已见本书 第 一 卷 说明。下段画睒子本生长卷连环故事画，右端画睒子在山中侍奉盲父母修道；左端画国王进山射猎；中间自左而右画国王射鹿误中睒子，寻至盲父母处，引盲父母前往睒子遇难处，盲父母伏尸痛哭，睒子得天神救助复生。

**10　第302窟　人字披顶西披（部分）**

西披上段为萨埵太子本生，下段为福田经变，皆绘成横卷形式。其中福田经变系根据《佛说诸德福田经》中的"修福七法"画成，为莫高窟仅有的两幅之一（另一幅画于北周第296窟覆斗顶北披东段），它反映了为时短暂的三阶教派对于敦煌的影响。画面自北端起画："一者，兴立佛图僧房堂阁；二者，果园浴池树木清凉；三者，常施医药疗救众病；四者，作坚牢船渡济人民；五者，安设桥梁过渡羸弱；六者，近道作井渴乏得饮；七者，造作圊厕施便利处"。画中的各项内容直接反映出了当时社会生活如修建房屋、交通、救治病人等多方面的生动场景。上述壁画都绘于白壁素地上，以山林屋宇为背景，所画的垂柳杂树已可见种属之别，自然景色清幽宜人，增添了画面情节的意趣。与早期比较，作为故事画背景的山水画，在描绘技巧上已有显著的进步。但总的看来，壁画还保留较多北朝遗风。这是全国大统一前夕，隋代初期的代表作之一。

**11　第302窟　南壁前部　说法图**

南壁前部说法图被清代所凿穿洞破坏，现残存主尊立佛和左胁侍菩萨及飞天。立佛左手持钵于胸前，为药师佛形象。菩萨和飞天的动态活跃了画面的气氛。与此相对称的北壁前部画的是释迦、多宝二佛并坐说法图，同被清代穿洞破坏，仅存东半部。二图的飞天都很生动。

**12　第302窟　东壁门上　说法图**

图中描绘树下释迦坐须弥座上说法，两侧四菩萨或持香炉，或执莲蕾散花供养，构图严整、对称、简洁，气氛肃穆。

**13　第303窟　窟室内景**

此窟主室平面长方形，前部人字披顶，后部平棊顶，后部中央有中心塔柱，洞窟形制与第302窟相仿。塔柱作须弥山形，上部作圆形七级倒塔，下部作方形两层台座。台座上层四面开龛，龛外两侧菩萨塑像较第302窟保存稍好。龛下座沿画水纹，表现水池。下层座身上段画供养比丘、比丘尼和男、女供养人，下段画狮子、药叉等。四壁上沿画伎乐天及天宫栏墙、帷幔。帷幔以下画千佛，其中南壁前部有立佛一铺，北壁前部有释迦、多宝佛一铺。千佛以下画供养人、马车及山石林泉等。前部窟顶人字披画法华经变，后部窟顶中央与中心柱圆形倒塔连接处，绘成圆形垂幔。垂幔外抹角各饰一坐佛二供养飞天。外周套以方形平棊，平棊画千佛。

**14　第303窟　北壁前部　二佛并坐图及供养人**

多宝塔画成龛形，释迦、多宝二佛并坐在龛（塔）内双狮座上，龛内外各有二菩萨侍立，座下画力士承托并供献。火焰纹龛楣上有急速飞降的飞天二身，手捧花篮散花供养。图下为环绕壁面的供养人行列。这一《法华经·见宝塔品》变相，与窟顶《普门品》遥相呼应。

**15　第303窟　人字披顶东披　法华经变普门品之一**

**16　第303窟　人字披顶西披　法华经变普门品之二**

窟顶前部人字披满绘法华经变观世音菩萨普门品，仍作每披上下两段横幅长卷的形式。画面基本上按经文顺序，将该品内容表现得详尽而完整。自东披上段南端（右端）开始，首先画无尽意菩萨偏袒右肩，合掌向佛，听佛宣讲"观世音菩萨以何因缘名观世音"。接着以上段的绝大部分幅面画观世音菩萨以神力解脱众生诸般苦难；众生受诸苦难但能一心称名观世音菩萨即得解脱：设入大火火不能烧，若为大水所漂即得浅处，入海求宝遇风浪、罗刹鬼不受伤害，临当被害凶器刀杖立即断坏，遇诸恶鬼恼人则可解除，商队过险路能得无畏，若多淫欲、多瞋恚、多愚痴皆得解脱，欲求生男、生女便可如愿。东披下段至西披一一表现观世音菩萨游诸国土，以三十三现身度化众生。至西披下段止，计有观世音菩萨现佛身、辟支佛身、声闻身、梵王身、帝释身、自在天身、大自在天身、天大将军身、毗沙门身、小王身、长者身、居士身、宰官身、婆罗门身、比丘身、比丘尼身、优婆塞身、优婆夷身、长者妇女身、居士妇女身、宰官妇女身、婆罗门妇女身、童男身、童女身、天身、龙身、夜叉身、乾闼婆身、阿修罗身、摩睺罗伽身、执金刚神身。西披下段南端紧接三十三现身之后，画佛说观世音因缘毕，无尽意菩萨等施珍宝、璎珞供养观世音，观世音受取璎珞分作二份，分奉释迦、多宝二佛，二佛并坐于多宝塔内。

**17　第303窟　东壁北侧　供养人、车马及山林**

四壁下部分上下两段。上段画供养行列，此处画面清晰，绘供养车马。先为牛车，御者在前，使者随后。车上有棚，前开门，后垂幌，轮高。再有骏马二匹，马夫揽缰持鞭在前，后随僮仆。下段画山石林泉、人物及兽类，布局疏朗，构图简洁，作者自由地纵笔挥毫，画出多姿的林木和活动于其间的人和兽。

**18　第303窟　中心柱座东向面　供养人**

中心塔柱台座下层的这组供养人中，前有比丘导引，中间一人形体高大，戴帕首，披翻领大衣，穿着华贵，后随多名僮仆，且绘于中心柱正面的显著地位，故推测是该窟供养人中身份地位最高者，可能即是建窟的主人。

**19　第304窟　西壁**

此窟主室平面方形，覆斗形顶，西壁开一龛。这是隋代初年的小型洞窟之一，洞窟布局多沿用早期的形式。覆斗顶中央为斗四藻井，莲花井心，垂幔铺于四披。窟顶外周四披画千佛一层，又画天宫伎乐，每披六身。伎乐天均着西域式菩萨装，戴宝冠，上身着右袒僧祇支，披巾，下身着裙。西披的六身演奏笙箜篌、琵琶、笙、笛等乐器，其余三披皆作舞蹈、散花供养。天宫建筑，为西域式圆券形建筑和中原汉式屋形建筑相间排列，座落于凭台之上。东南角画一大头仙人。西披中央、龛楣的火焰尖端上画摩尼宝珠。火焰纹龛楣与龛内主尊佛光火焰纹装饰上下相接，形成双重龛楣的效果。东、南、北壁上沿帷幔之下均画千佛。千佛以下，东壁门两侧各画天王二身，北壁存供养菩萨四身，南壁存供养菩萨五身，东端尽被穿洞破坏。西壁的中部圆券形龛内塑一佛二弟子，头部均经清代重修。善跏坐佛像着三重袈裟，双领下垂，衣摆重叠，衣纹为浅阶梯式，保留着浓厚的北周遗风。身后莲花、火焰纹背光。龛内两侧各画二弟子、一化生。采帛龙首龛梁，莲花龛柱。龛外两侧塑胁侍菩萨各一身，画弟子各二身。壁画笔触清晰，弟子形象上可看出当时晕染方法正在演变的情况。龛下北侧画男供养人及僮仆共七身，南侧画女供养人及婢女共八身。女供养人着披风，或着翻领披风，双手合于胸前，大袖过膝，长裙曳地，后随婢女穿间色长裙。

## 20　第304窟　西壁北侧　胁侍菩萨

菩萨像紧贴壁面塑造，头戴宝冠，裸上身、披巾，下束裙，裙有内外二重，外裙短小，裙腰翻出，全身装束简素，造型亦属北周风格。

## 21　第305窟　窟室内景

此窟主室平面方形，中央设方坛，正、侧壁各开一龛，覆斗形顶。四壁画千佛。西、南、北壁中部各开一圆券形龛，龛内画菩提树，各有隋塑一佛及清塑二弟子二菩萨。四壁两侧各画说法图一铺。四壁下部画供养人，供养人以下画三角形垂帐纹。中央方坛上存清代塑像一佛四弟子。坛座上画供养人及忍冬纹边饰。北壁龛下有"开皇五年正月"的发愿文残迹，可以推知此窟的建造年代。

## 22　第305窟　窟顶
## 23　第305窟　窟顶南披　帝释天妃（西王母）
## 25　第305窟　窟顶北披　帝释天（东王公）

覆斗顶中央画斗四藻井，莲花井心，抹角皆画飞天。藻井为华盖式，垂幔及四角垂璎流苏羽葆铺于四披，表现出中原传统文物的明显特征。窟顶外周，东、西披各画摩尼供宝，表现飞天和飞行的比丘一齐涌向中间的莲花火焰宝珠；南、北披分别表现帝释天、帝释天妃。图中车上张伞盖，车后旌旗翻卷，车旁鲸鲵、文鳐腾跃，大都继承了西魏第249窟的样式；唯有以羽人为驭者立于车前，并出现了飞行的比丘，用来代替持节乘龙的仙人作为导引，从而使这一由传统神话题材中借用的民族形式进一步适合佛教中帝释天和帝释天妃的内容，愈益有别于早期东王公、西王母的形象。在隋代诸窟中表现与此同类的题材，以此窟的画幅为最大。窟顶四披天花如雨、流云飞动，天神翔舞、彩带飘扬，龙凤驾车如风驰电掣，具有很强的艺术感染力。

## 24　第305窟　西壁下部　供养人
## 26　第305窟　北壁下部　供养人

横贯壁面下部描绘供养人行列已成敦煌石窟的通例。以发愿文题榜为中心，男女供养人分列两侧，常常是男供养人在右，女供养人在左，并分别以比丘或比丘尼为前导。此窟北壁东侧女供养人随男供养人之后。供养人画像一般不作肖像画处理，但作者对于这些千人一面绘制简率的供养人形象，也都没有放弃艺术表现上的努力。整齐的行列中，俊美的形体以及服饰、色彩上的变化，往往显示出韵律的美、装饰的美。

## 27　第305窟　西壁北侧　说法图
## 28　第305窟　西壁南侧　说法图

西壁中部开龛，南北两侧均画有说法图一铺，作一佛四菩萨的组合。菩萨以一腿支撑重心，腰肢轻摆，上身斜欹，头部微倾，全身作"S"形的扭曲，姿态妩媚。设色仅用青、绿、红、黑等色，简练而浑厚。南侧说法图中，佛左手托钵，钵中有龙头伸出，系表现佛传中的降龙钵。故事说：释迦牟尼成道后教化迦叶三兄弟。时值毒龙为害，迦叶祭祝火神不能降服。释迦入禅定，毒龙喷吐火焰袭来，草堂大火炽燃，独释迦坐处宁寂无火。毒龙见此，踊入佛钵中说偈，火毒即灭。于是迦叶三兄弟皈依出家。后来大迦叶成为最著名的佛弟子之一。

## 29　第416窟　西壁龛内南侧　胁侍菩萨（部分）

此窟大半残损，前部人字披顶西披存弥勒上生经变一角，后部平棊顶存斗四藻井图案二方，内饰一佛二菩萨。西壁开一圆券龛，龛内存彩塑一佛二弟子二菩萨，其中迦叶头部已失。火焰纹背光两侧各画三弟子。南、北壁仅残存千佛及天宫伎乐少许。龛内南侧胁侍菩萨衣饰简单，手执柳枝，神情宁静。

## 30　第417窟　后部平顶　药师经变

窟室平面长方形。前部人字披顶东披残存萨埵太子本生故事画，西披上段画流水长者子本生，下段画睒子本生。后部平顶画弥勒上生经变与药师变。西壁中部开一内外层方口龛，龛内塑一佛二弟子二菩萨，画火焰背光与化佛，两侧各画四弟子；内层塑出龛楣，饰火焰忍冬，外层塑出龙首龛梁，皆立莲花龛柱。龛外两侧画维摩诘经变，南侧画文殊，北侧画维摩诘；两侧均塑半跏坐思惟菩萨一身。龛下画三法轮等。图中后部平顶的西部中央画药师变。居中莲台上结跏趺坐为药师琉璃光佛，又称大医王佛，居东方净琉璃世界，发十二大愿，救众生之病源，治无明之痼疾。两侧各侍立菩萨四身，为药师八大菩萨。佛座前画六层轮式灯架，似即七层药师灯，"每层七灯，转如车轮，其遭厄难，可以过度"。灯轮两侧，手捧燃灯、胡跪供养的，应为药师十二神将。

## 31　第417窟　西壁北侧　半跏菩萨

西壁龛外北侧墙角塑一束腰莲座上半跏坐思惟菩萨。形象清秀淡雅，衣饰简单，形体起伏较少，同第416窟塑像一样，代表着这一时期的一种造像风格特征。这身塑像及莲座，不是起于地面，而是在和龛底同等的高度，凌空悬塑而成，这是在莫高窟少见的实例之一。

**32 第417窟　后部平顶北部　菩萨授记**

药师变两侧均画一菩萨，坐于束腰莲座上，上身微颔，伸手为一信士摩顶授记。跪于菩萨膝前的信士，着蓝色长衫，腰束带，合掌俯首虔诚受记。菩萨两旁侍立供养菩萨共八身。图为药师变北侧的画面。

**33 第417窟　前部人字披顶西披（部分）**

图为人字披顶西披的局部，上段流水长者子本生故事说：在天自在光王国内，一长者子率两子游于野外，至一空泽见池水已枯、群鱼将死，遂生慈悲心。时有树神示现半身，教长者子寻水救鱼，并赐其名为流水。流水长者子四方奔波觅水不得，见有大树则寻取枝叶，还至池上与作荫凉。复疾走远方见一大河，即直趋王宫拜见国王，求借大象二十头，以皮囊盛水，往返负运，终使水满如故。流水长者子沿岸巡视，又见群鱼为饥饿所迫，即令二子选力壮大象速至家中，收取可食之物载象背疾还池边喂食群鱼。不久，群鱼转生忉利天上，化作飞天到流水长者子居处，散无数珠宝璎珞以报前恩。此图构图简单，但尚能将主要情节概括地予以表现。图中下段为睒子本生故事。

**34 第423窟　人字披顶南披及后部平顶**

前部人字披顶两披之间脊枋饰水池莲花图案。西披画弥勒上生经变。继释迦牟尼之后成为未来佛的弥勒菩萨，先曾上生兜率天，于该天住四千岁。兜率天内院为弥勒净土，外院为天众娱乐处所。兜率天宫系为弥勒所造。弥勒菩萨常坐宫中为诸天人敷演经典。图中弥勒菩萨坐于堂上说法，两旁四菩萨胁侍。堂屋两侧起重楼，每层之中表演乐舞，用以表现天宫的四十九重微妙宝宫。宝宫之外画簇拥听法的天众。南、北侧分别画菩萨说法、授记场面。后部平顶中部画维摩诘经变中的文殊师利问疾品。维摩诘为毗耶离城的长者和居士。释迦入涅槃前，曾在毗耶离城的菴摩罗园仃留，城中五百长者子俱往佛所请说法，独维摩诘现病不往，以此吸引佛门徒众与之论道。图即为诸菩萨、弟子及诸天人等随文殊师利入毗耶离城向维摩诘问疾并展开论辩的情景。维摩诘端坐堂上，一手执扇，向对面的文殊滔滔不绝地问难。堂屋为七间歇山顶木构建筑，檐下有护法神擎兵器护卫，从窗口看进去，堂内坐满了听众，据说维摩诘施神通力使小室能容来众。维摩诘经变的这一题材在莫高窟现存壁画中出现于隋代，此后，一直是历代画师十分热中于表现的画题。问疾品两旁画帝释天、帝释天妃，以示诸天前来赴会；实际上与中部画面联系在一起成为一个整体。北侧为帝释天，乘四龙驾车，南侧为帝释天妃，乘四凤驾车，旌旗飞扬，风驰电掣而来。表现上趋于单纯，图中只画飞天簇拥，已经没有文鼯、人非人等，其内容距离东王公、西王母愈远。

**35 第423窟　人字披东披　须达拏太子本生**

图为人字披东披，上下不分段，整披描绘须达拏太子本生故事。由北上角开始，表现太子乐善好施，将白象施

与敌国婆罗门，遂被放逐。情节至南端折转下方，表现太子携妻子儿女沿途施舍，一路艰辛，终至檀特山中；此后为婆罗门乞讨儿女，国王赎孙并迎太子还宫，故事在北下角结束。画面以白粉为地色，显得素净。作者用青绿、土红和黑色画连绵起伏的山峦，与其说是衬景，不如说是分隔故事情节的栏格。蓝色涂顶的城池或宅院建筑，使画面满而不乱，生动有趣。

**36 第423窟　西壁**

此窟前部人字披顶，东披画须达拏太子本生，西披画弥勒上生经变；后部平顶中部画维摩诘经变，两侧画帝释天、帝释天妃及说法图各一铺。已如上述。西壁开一圆券形龛，塑一佛二弟子二菩萨，画忍冬火焰背光，龛顶画二飞天。二飞天互相对称，动势很强，堪称佳作。龛楣饰火焰纹，龙首龛梁，莲花龛柱。龛外两侧各画弟子四身、菩萨二身，以下画药叉各一身。四壁上沿绕窟一周画飞天翱翔于天宫栏墙之上，飞行方向由东壁中部出发，沿南北两路朝西壁主尊方向飞去，大多作散花供养，亦有少量伎乐天，演奏筝、排箫和笙等；动态前后呼应，生动活泼，与下部所画大面积的贤劫千佛恰成对比，形成动静对照而又浑然一体。千佛之中，南、北壁各有说法图一铺。千佛以下除西壁画外画供养人，再下画垂帐纹。

**37 第433窟　人字披顶东披　药师经变**

此窟前部人字披顶、后部平顶均绘经变画。西壁开一圆券龛，龛内塑一佛二菩萨，画火焰背光、六佛弟子、二飞天。火焰纹龛楣，龙首龛梁，莲花龛柱。龛外两侧壁面上沿栏墙、垂幔之下画一弟子一菩萨。四壁上沿皆画天宫栏墙，栏墙上绕窟一周的飞天则移到了窟顶的四周，这种新的布局形式为此前所不见。南北东三壁垂幔下画千佛。千佛以下，南、北壁画供养人，东壁南侧画供养牛车、侍女，北侧画供养马、马夫。窟顶人字披东披画药师变，图中药师佛居中，左右二菩萨胁侍；外侧两座灯轮，画作九层，十二药叉大将分列两边，跪于灯前供养。

**38 第433窟　人字披顶西披及后部平顶**

人字披顶西披画说法图，坐佛居中，六弟子或跪或立围绕在身旁。左右两侧各有一身大菩萨，坐束腰莲座上，座旁各有四身供养菩萨侍立。这样的形式与一般说法图不同，似应为阿弥陀说法图，表现阿弥陀及观音、大势至等西方三圣。后部平顶中部所画为弥勒上生经变的兜率天宫，作五间歇山顶殿堂，弥勒菩萨交脚端坐其中，两旁胁侍四菩萨。殿堂两侧各画一座两间歇山顶建筑，为维摩变，北侧维摩诘，南侧文殊，二人身后都坐满了听众。

**39 第262窟　西壁北侧　伎乐菩萨**

此窟东壁坍毁，前部多残损，窟顶前部人字披残存说法图；后部平顶中部画阿修罗王，两侧画维摩诘和文殊，为维摩诘经变中的不思议品。西壁开一圆券形龛，龛内塑一佛二菩萨二弟子，画四弟子。龛外北侧存壁画伎乐菩萨

一身，怀抱琵琶，手抚琴弦，双脚踏歌舞蹈，形象优美。这种出自想象，挥洒自由的表现形式甚为少见。

**40　第295窟　西壁北侧　菩萨**

此窟亦是小窟，比第298窟略大少许。人字披形窟顶，东披画千佛，西披画涅槃图一铺。西壁开一圆券龛，龛内塑一佛二弟子，均经清代重修；两侧原有的二菩萨塑像今已无存。火焰背光两侧各画二弟子。龛口周沿画条形联珠纹边饰。龛上画火焰宝珠龛楣。西壁龛外南北两侧各画二弟子、一菩萨。菩萨戴三珠宝冠，穿僧祇支，着长裙，披帛，手持花枝供养主尊，姿态温婉。龛下画供养人。南北两壁画千佛，中央各画说法图一铺，下部南壁存女供养人十身，北壁存男供养人十二身。供养人以下画三角形垂帐纹（模糊）。东壁画千佛。

**41　第295窟　西壁下部　供养人**

西壁龛下分上下两段画供养人。南侧上段画比丘尼一身为前导，后随大袖长裙的女供养人三身，侍女四身。下段画穿窄衫小袖长裙的女供养人九身、侍女一身。不论大袖或小袖，应都是隋代妇女通行的服装，但从图中看，显然意味着不同的身分和地位。北侧上段画比丘一身为前导，后随男供养人三身、侍从五身。下段画男供养人十身。

**42　第295窟　人字披顶西披　涅槃**

图中画右胁而卧的释迦涅槃像，众弟子、菩萨围绕哀悼，除去隋代中期壁画涅槃图中常见的一些人物形象和情状之外，此图还着意描绘了跪在释迦脚前抚弄佛足的大迦叶。迦叶因在远处，佛寂灭之后方始赶到，不得见佛，于是佛乃为迦叶示现双足。又如，迦叶身后，一老婆罗门立在莲花上，其名须跋陀罗，又译作善贤，为拘尸那城梵志，寿一百二十岁，聪明多智，得五神通，佛涅槃时入娑罗林前来求教，遂须发自落而成阿罗汉果。他可算是释迦最后的一个弟子。背景娑罗双树的描绘把环境衬托得很美，对于所画悲剧性情节是很好的调剂。东、西披之间脊枋上画莲花卷草纹。

**43　第311窟　北壁中央　说法图**

此窟前室、甬道经五代重绘，隋画仅存门沿边饰。主室西壁开一龛，有双层龛口，内塑一佛二弟子四菩萨，经清代重修。背光两侧内层画二菩萨。外层龛口内画二弟子，莲花龛柱，采帛联珠龛梁。内层龛顶背光火焰两侧画菩提树，外层龛顶画火焰龛楣、六飞天。龛外两侧画条形联珠纹、千佛，龛下五代画供养人、天女、供器。南北两壁画千佛，千佛以下五代画供养菩萨，壁面中央各画一铺说法图。图中俱作一佛二弟子二菩萨，主佛庄严、菩萨端凝。上部饰重层莲花宝盖，宝盖各角饰火焰宝珠，垂挂幔帷、璎珞。宝盖两侧绘飞天，手捧鲜花，冉冉飘降。背景都画有装饰性很强的双树，树身苍劲，枝叶繁茂，二图树形有所不同。东壁画千佛，下部两侧分别为五代画男（南）、女（北）供养人。

**44　第311窟　窟顶藻井**

主室覆斗藻井顶。藻井井心中央绘大莲花，周围绕以盘茎莲荷，四角各画一莲花童子，井心边框饰小花图案，周沿及四披交接处皆绘条形联珠纹。藻井外周垂角帷幔铺于四披。藻井以外四披满饰千佛。藻井布局突出中心，四角各有支点与中心相照应，稳重中见活泼。

**45　第312窟　西壁　佛龛**

此窟高仅1.6米，人字披顶两披及四壁遍画千佛。西壁中部开一圆券龛，龛内塑一佛二弟子，均经清代重修。佛塑像两侧画弟子各一身，龛顶画菩提双树，二飞天乘云而降。龛口外沿饰条形联珠纹边饰。龛上饰莲花一排。这个简括的小窟，窟形和龛饰具有隋代中期的特点，五代时曾在东壁门两侧及甬道内改绘壁画。

**46　第427窟　前室内景**
**47　第427窟　前室南壁西侧　天王**
**48　第427窟　前室南壁东侧　地鬼**
**49　第427窟　前室北壁西侧　地鬼**
**50　第427窟　前室北壁东侧　地鬼**

此窟有完好的前室和主室，是隋代规模最大的洞窟之一。前室宽约6.8、进深约3.4米，有三间四柱宋代木构窟檐。墨书题梁："维大宋乾德八年岁次庚午正月癸卯朔二十六日戊辰救推诚奉国保塞功臣归／义军节度使持进检校太师兼中书令西平王曹元忠之世創建此窟檐记"，标明了重建窟檐和妆修塑像、壁画的时间。乾德八年即开宝三年（公元970年）。南、北壁各塑天王二身，高约3.6米，头戴宝冠，穿甲胄、战裙，披长巾，着高靴，身躯健壮、魁伟，脚踏地鬼。四天王是镇守四方护卫佛法之神，亦称"护世四天王"，传说分居须弥山腰的四峰，名为东方持国天王、南方增长天王、西方广目天王、北方多闻天王。西壁两侧各塑力士一身，高约3.7米，戴宝冠，裸上身，披长巾，腰束战裙，双目圆睁，肌肉凸起，或握拳、咬牙切齿，或挥臂作怒吼状。天王与力士都是隋代彩塑的新题材，多塑在前室，保存下来的已绝无仅有，但都是大像。地鬼，一般置天王脚下以示镇伏。四身天王脚下的地鬼，肌肉壮实，表情姿态各异其趣。在重压之下，有的咬紧牙关，用下巴抵住地面；有的跪倒，头顶着地用力支撑，长发披散在地上。其形象生动，富有戏剧性。前室塑像为隋代原塑，但经宋代重妆。前室顶西披宋画涅槃变中涅槃佛系隋画。

**51　第427窟　主室北壁前部　立佛一铺**
**52　第427窟　主室南壁前部**
**53　第427窟　中心柱东向面**

主室前部人字披顶、后部平顶，仍因袭北朝中心柱形式，但已有变化。中心柱正面不开龛，而置大型立佛一铺，作一佛二菩萨的组合，均立于莲座上。主尊着红色宽袖通肩大衣，高4米余。菩萨戴宝冠，着僧祇支，披巾，下着裙。柱壁上画千佛，下部画供养菩萨数身。南北两壁前部人字披下亦各塑大型立佛一铺，其形制与中心柱东向面相仿。位于主室前部的这三铺大像组成了三佛的形式。这些塑像皆头大体壮，腿稍短，面相略方而结实，衣饰华美，佛像袈裟和菩萨衣饰上尚可见贴金的痕迹。北壁的一铺立佛主尊和左胁侍保存最好，头光完整。左胁侍菩萨高3.65米，僧祇支上饰联珠狮凤菱格纹，锦裙上饰忍冬、联珠、菱格等纹样，重色上加描白线、金线，精致绚丽，充分反映出隋代织绣工艺的精湛。这身菩萨体态丰满，曲线优美，神情端庄，塑造肢体肌肤的质感十分出色。

**54　第427窟　中心柱西向龛内北侧　阿难（部分）**

　　中心方柱南、西、北三向面各开一圆券龛，龛内各塑一佛二弟子。三圆券龛内的塑像，佳作当推西向龛北侧的阿难像。阿难（阿难陀）是释迦的从弟，著名的十大弟子之一，曾随侍释迦的晚年。他为人恭顺乐观，聪明伶俐，长于记忆，有"多闻第一"的称号。塑像高1.67米，表现了一个颖慧俊秀的少年弟子在聆听说法时的专注与谦恭。此窟规模可观，保存较好，前、后室塑像形体高大、数量众多，佛、菩萨、弟子、天王、力士、地鬼合计达二十八身之多，艺术水平亦较高，造型上具有隋代彩塑的典型特征。造像面相略呈长方，肩宽、腹圆，虽然整体比例上稍嫌头大腿短，但造型结实有力；与早期塑像比较，已能透过衣饰具体地表现出胸、肩、腹、胯、膝等处的人体结构，这是敦煌彩塑技艺上的一大进步。

**55　第427窟　中心柱西向龛北侧　胁侍菩萨**
**56　第427窟　中心柱北向龛西侧　胁侍菩萨**

　　主室中心方柱南、西、北向面仍作早期以来一佛二弟子二菩萨的组合，但北朝以来塑于龛外两侧的胁侍菩萨改用壁画来表现。此时的壁画菩萨形象，已不同于北周及隋初那种头大腿短的造型特征，体态变得修长并开始有更多的曲线变化。由此窟看来，壁画先于彩塑有此变化。

**57　第427窟　中心柱南侧**

　　图中可见主室后部中心柱南侧通道，并可见前部南侧部分。以图中南向龛为例，中心柱三面圆券龛皆浮塑龛楣饰火焰莲花等，龙首龛梁，莲花龛柱；龛内塑一禅定佛及二弟子，画火焰背光。背光两侧，南向龛内各画一飞天、四弟子、鹿头梵志、婆薮仙，西向龛内各画一飞天、三菩萨、一狮，北向龛内各画三飞天、四弟子、一狮。各龛外两侧均画千佛与二胁侍菩萨。龛下座沿均画须达挐太子本生。塔柱座身均画十比丘，比丘以下西向面存隋代画药叉（残），南、北向面皆为宋画供养人所覆盖。四壁上沿画天宫栏墙及飞天绕窟一周，计108身。飞天，或双手合十，或托举花盆，或扬手作散花状，亦有演奏笙簧、横笛等乐器，姿势多样，体态轻盈，冠巾、飘带随风舒卷，给平静的壁面平添了动感和生气。千佛，已与北朝及隋初有所不同，面部着重用线条造型，贴金，下施晕染；唯服饰仍使用早期装饰味较浓的晕染法。栏墙下画垂幔及化生一行，以下画千佛。西壁以及北壁后部千佛中央各画说法图

一铺，南壁后部千佛中央画卢舍那佛一铺。

**58　第427窟　中心柱南向龛坛沿　须达挐太子本生（部分）**

　　中心柱南、西、北向龛座沿上画须达挐太子本生，呈横卷式的连环画构图，画面高0.3米，总长约11米，色彩艳丽，线描谨细，造型很美，体现出隋代中原地区展子虔、郑法士等名画家所代表的"细密精致而臻丽"（《历代名画记》）的新风格对于敦煌的影响。可惜的是，这一重要作品业已被佛龛燃灯油迹覆盖大半。故事由南向龛座沿开始，转入西向面、北向面。图为须达挐太子将国宝大象施与敌国婆罗门之后，诸大臣禀报国王的情形。

**59　第427窟　主室人字披顶（部分）**

　　主室前部人字披顶、后部平顶满饰千佛。人字披两披之间脊枋画伎乐莲花卷草边饰，深绿地色上画莲荷纹，莲茎左右盘卷，支茎上均缀一莲花。花有大小，其角度正、侧、背、俯、仰各有变化。花中或坐伎乐童子，或置摩尼宝珠。茎上是繁密的忍冬形荷叶。纹饰加描白线，造型生动，结构活泼多变，是完美的图案杰作。

**60　第292窟　人字披顶西披龛下　双狮**

　　此窟前室门南北两侧塑二力士，壁画底层有隋代故事画。主室前部人字披顶东披画千佛，西披中部凿浅龛。龛内画一铺三世佛，现已残毁。龛两侧各画天王、神将、菩萨、弟子、飞天等。龛下画宝珠、双狮图案。图中双狮相对蹲坐于莲花摩尼宝珠的两侧，口衔忍冬草叶，既很好地表现出雄狮的形象特征，又具有浓厚的装饰性。窟顶后部平顶画千佛。主室后部有中心方柱。方柱南、西、北向面开龛，东向面塑立佛一铺，南、北壁前部亦各塑立佛一铺，均为一佛二菩萨，经清代重妆，但仍保存部分彩绘原作。其布局形式近似第427窟。四壁自上而下画飞天、天宫栏墙、化生和大面积的千佛，最下画药叉。

**61　第420窟　西壁**

　　此窟主室平面方形，覆斗形顶，四披画法华经变。南西北三壁各开一龛。西壁开圆券龛，龛口略方，作内外两层。龛内塑一佛二弟子四菩萨，画莲花、化佛、火焰背光。内层龛两侧壁各画六弟子六菩萨，龛顶画伎乐飞天十五身。外层龛口内两侧壁各画二飞天二菩萨。内层龛口塑缠枝莲花龛柱、采帛龙首龛梁，画忍冬莲花化生龛楣、联珠纹边饰，外层龛口顶部画龛楣周沿火焰纹，火焰纹楣尖达窟顶西披。龛柱外侧各画二菩萨。龛口外沿饰联珠纹。龛外两侧壁面上段，北侧画维摩诘经变问疾品的维摩诘，南侧画问疾品的文殊师利；下段各画五弟子四菩萨。龛上画飞天一列共十四身。龛下宋画供养菩萨及供器。南北两壁画千佛，中央各开一方口龛，龛内塑一佛二菩萨，画火焰忍冬背光，两侧各画五弟子，佛座两侧画一对狮子。龛下宋画供养菩萨。东壁门上画说法图一铺，两侧画千佛。千佛下宋画供养人。

**62　第420窟　西壁龛口南侧**

**63　第420窟　西壁龛内北侧　胁侍菩萨**

**64　第420窟　南壁龛内东侧　胁侍菩萨（部分）**

此窟塑像形体结实，形象端严。菩萨像肩宽腰细，比例匀称。面部造型轮廓分明，眉棱、鼻棱、颐棱转折清晰，整体感强。衣饰塑造手法简练，青绿纹饰与壁画土红基调形成对比，装饰效果显著。裙上所饰狩猎联珠纹源于波斯。西壁龛外层南侧手持柳枝的观音菩萨，高2.43米，是窟内最佳彩塑。

**65　第420窟　西壁龛顶（部分）**

龛楣以肥硕的忍冬纹与丰满的莲花，上下左右颠倒配置，相互穿插，组织紧密。莲花上的化生童子手持各种乐器，形象经过装饰性的概括，几乎完全和花叶融为一体。龛顶两侧三角形的区域内，以土红为地色，画数身飞天在火焰之上自由翱翔。图中飞天拨箜篌、弹琵琶、吹竖笛等，飞行中演奏舞乐，充满活跃的气氛。

**66　第420窟　东壁门上　说法图**

利用东壁门上的矩形幅面绘制说法图，佛居中结跏趺坐于金刚宝座之上，左有观世音菩萨，右有大势至菩萨，十大弟子分列于后。上方画华盖和菩提树，两身飞天持鲜花赶来礼佛。构图均衡平稳，着色浑厚朴实。

**67　第420窟　西壁龛内北侧　供养菩萨**

龛内北壁东侧上部的供养菩萨，着红色蓝边袈裟，双手执花枝，枝端开放宝珠莲花。南壁东侧中部的供养菩萨，着褐色深绿边袈裟，手托莲花宝珠，神情恭顺。图为北壁西侧中部的供养菩萨，着红色绿边袈裟，双手捧莲花于腮前，沈浸于思惟之中。这些供养菩萨都画在塑像身后的壁面上，与塑像组合在一起，显示了高度的艺术技巧。

**68　第420窟　西壁南侧上部　维摩诘经变问疾品文殊**

西壁龛外南侧壁面上部画维摩诘经变问疾品中的文殊师利。图中文殊菩萨在一所三间歇山顶殿堂的中央，倚坐于须弥座上，举手论道，姿态从容。随行前来的天人、菩萨皆侍立于堂内文殊的身后。众弟子跪坐在两廊前后，合掌听法。三信士在台级之下，虔诚跪拜。殿后是茂密的绿树，殿前有流泉莲池，成对的水禽在其间游戏。上空有飞天捧花漫撒。

**69　第420窟　西壁北侧上部　维摩诘经变问疾品维摩诘**

维摩诘经变问疾品中的维摩诘居士，在五间歇山顶殿堂中央，右手执麈尾，凭几而坐，正和前来问疾的文殊师利展开辩论。维摩诘面庞消瘦，双眉紧锁，扬起了头。堂内、廊间和台级下挤满了听众。殿前有莲池，殿后有树林，都和对侧的文殊遥相对称。

**70　第420窟　西壁南侧　菩萨**

**71　第420窟　西壁北侧　菩萨**

西壁龛外两侧维摩诘经变下方各分上下三层画五弟子和四菩萨。其下层的三身均为菩萨，皆戴金宝冠、金项圈、金双镯，赤足立在莲台上。南侧三身皆裸上身，披巾，金色璎珞挂胸前，腰束裙。居中一身裙长曳地，双手交于胸前，指拈金花礼佛；其左一身右手托莲蓬，左手拈金花；其右一身举右掌于胸前，左臂垂身后；三身菩萨体型修长，温柔善良。北侧三身中，居中一身裸上身，着裙，左手托莲花宝珠，右手提净瓶；其左右两身皆着通肩袈裟，束裙，左侧一身右手执金花，左手持莲枝；右侧一身左手握金色念珠，右手托莲花宝珠；三身菩萨面相丰圆，体态健美。

**72　第420窟　窟顶北披　法华经变之一**

**73　第420窟　窟顶西披　法华经变之二**

**76　第420窟　窟顶北披中部　涅槃**

覆斗形窟顶四披画法华经变，西披和北披画序品，东披画观音普门品，南披画譬喻品。经变画以下的窟顶周沿画天宫栏墙与飞天计八十身。窟顶西、北披法华经变序品，主要表现法华会的盛况。经文说：释迦在王舍城耆阇崛山（又名灵鹫山）中，有大阿罗汉阿若憍陈如、摩诃迦叶、舍利弗、大目犍连，文殊菩萨、观音菩萨、大势至菩萨及众菩萨，四大天王、八大龙王、阿修罗王、乾闼婆王等及若干眷属，各礼佛足，恭敬供养。释迦为众菩萨说大乘经，名无量义，即妙法莲花经。是时天雨宝花飞洒于佛袈裟上。会中比丘、比丘尼、优婆塞、优婆夷、天龙、夜叉、乾闼婆、阿修罗、迦楼罗、紧那罗、摩睺罗伽、人非人、诸小王欢喜合掌，一心观佛。佛即放眉间白毫相光，普照东方万千世界，皆如金色。众菩萨为求佛道，欢喜布施，金银珊瑚真珠摩尼、驷马宝车栏楯华盖、奴婢车乘宝饰辇舆、肴膳饭食百种汤药、名衣上服价值千万、栴檀宝舍众妙卧具、清净园林流泉浴池，施佛及僧。又有佛子造诸塔庙各千幢幡、珍珠帏幔宝铃和鸣。诸天神龙，人与非人，香花伎乐常以供养。北披下部画出灵鹫山的形象。北披右侧有释迦、多宝佛并坐于多宝塔内，亦是法华会上的景象，似在此穿插描绘了见宝塔品。释迦说大乘经后，归于涅槃，画面在北披的中部，描绘释迦牟尼在拘尸那国跋提河边娑罗双树间入涅槃的情景。图中释迦右胁而卧，面部装金。众天人眷属、菩萨弟子及善男信女围聚身边，哀伤哭泣。枕边坐莲台上的是释迦的姨母摩诃波罗阇波提，正以手拭泪。榻前，密迹金刚见佛涅槃，竟晕绝倒地。舍利弗痛不欲生，引火自焚，"先佛入灭"。

西披的中部，描绘释迦牟尼佛及日月灯明诸佛说法华经的大会盛况。有诸菩萨和优婆塞优婆夷布施给佛和弟子们的象队、象轿、驷马宝车、旌幡华盖、直珠供宝等。还有善男信女列队赴会，乐队随行奏演歌舞。这样的场面反映出当时的宗教活动情况。西披北端，有鸟兽听经场面。图为释迦在柳荫中须弥座上结跏趺坐，菩萨、优婆夷侍立身后，前有百鸟绕佛听法；有的自远方飞临，有的疾走前来，也有从莲池中游来的水鸟以及垂柳枝头的鸣蝉；微风吹拂柳条轻摆，画面显得生机勃勃。百鸟听经以下，又见有佛结跏趺坐双狮宝座上，上有方帐华盖，后有四菩萨供养，前为群兽听法：八头雄健的公牛分列两行，挺胸昂首面佛听法；后随一头母牛，回首抚弄正在吸吮乳汁的幼犊，流露出畜类的母子之爱；后排还画有双角锐利的黄羊，皮毛洁净光润，其中一只在机警地观望，另一只在花丛深处躺卧；最后有三只由山石间走出的绵羊，其性格温顺，恰与前者形成对比。关于西披的壁画内容，另有一种意见，认为是《法华经》中的方便品，表现佛以种种成佛的方便说一乘大法，化度众生。

整披经变，以树石花卉、塔庙寺院、流泉莲池、行云飞花等景物，作为各种场面的分界。构图自由，却又考虑周到，人物聚散，疏密适当。这样宏大而内容丰富的画面，为唐代大幅经变画的发展开了先河。

### 74 第420窟 窟顶南披 法华经变之三（譬喻品）

南披为《妙法莲花经》（简称《法华经》）的譬喻品，左、右绘出殿堂楼阁林立的两个广大的宅院，古木参天，院落幽深。两宅之间，上部画出彩篷牛车、鹿车、羊车三乘，车中满载珠宝珍奇玩物。车前一位长者率众仆面向院门，呼唤宅中不知火起而仍恣意嬉戏玩乐的儿子们逃离；下部，与上部以山石花树为界，乃绘彩篷车一乘，载童子二人，仆从等人随行，将远离火宅，得免火难。图中以火宅、车乘来譬喻"三乘归于一乘"的佛教思想。画面东端宅院建筑也都四面火起，夜叉、恶鬼趁机食啖尸肉，诸恶禽兽东西奔走，各自藏护。

### 75 第420窟 窟顶东披 法华经变之四（普门品）
### 77 第420窟 窟顶东披南侧 观音救难

窟顶东披画法华经变观世音菩萨普门品，这是敦煌壁画中最早得到表现的题材之一。普门品以观音菩萨救济诸难和三十三现身化度众生为主要内容。东披梯形画面的上部，描绘一队商旅赶着成群的骆驼、毛驴，满载珠宝货物，跋山涉水，历尽艰辛的情景。下部右端，以三段河流为主要线索，表现有人落水被溺，有人乘船遇险，有人周身起火，有人被下油锅，有人项戴枷锁等。经文说：这些受难的人，只要"念彼观音力"，即可解脱一切苦难。下部的其余大部分画面，都用来画观世音菩萨的三十二现身，即化现种种形象游诸国土以救度众生的场面。特别是观音救难的情节中，不乏生动的形象，例如东披南上角，画商队催动满载货物的众多骆驼、毛驴攀登高山。行至险处，一匹骆驼失足滚下山崖，脚伕俯看深谷惊恐万状。右上绘二行商在旅途中给一病驼灌药。这是千年前丝绸之路上艰难情景的真实写照。东披北上角，画全副武装的群盗，拦路抢劫商旅。按经文所说：行商之中若有一人"念彼观音力"。即可得解脱，东披下部南端，以粗壮的线条画出随山形蜿蜒的河岸。河中二人漂溺，顺水而下，岸边伞盖之下观音伸手营救，即经文所说："若为大水所漂，称其名号即得浅处。"其上游，画一人双手合十，似正口念"观音"，而得以平安涉水。以北，另一河流，水中两

只船载众人前行，罗刹鬼突然出现在二船之间，另有一怪兽亦露出水面，张牙舞爪，似将吞啖船只人等。这是表现：有众人为求金银珠宝，入于大海被黑风吹坠罗刹鬼国，"若有一人称观世音菩萨名者，是诸人等皆得解脱罗刹之难。"又北侧，画载人的二船处于惊涛骇浪之中，以图案的形式表现汹涌的波涛，惊险的场面被美化了，使人感到在观音护佑下船只在平稳地过渡。

### 78 第420窟 窟顶藻井

覆斗顶中央仍为仿古代架木为井的斗四藻井。莲花井心，花心饰三兔纹样，桁条边饰为忍冬纹，内外两层抹角分别画童子飞天、人非人，方井周沿边饰为连环忍冬狮纹，四边垂幔铺于四披。垂幔画成鳞片形和垂角形多层重叠的形式，以红、绿、青、黑褐四色为主，厚朴明快。其中黑褐色当为某种颜料变色而成。四披藻井垂幔以下画法华经变。

### 79 第419窟 西壁
### 80 第419窟 西壁龛梁龙首
### 81 第419窟 西壁龛内南侧 胁侍菩萨（部分）
### 82 第419窟 西壁龛内北侧 胁侍菩萨（部分）

此窟主室前部人字披顶，东披分上下四段，上三段画须达拏太子本生，下段画萨埵太子本生；西披分上下三段，上二段画法华经变譬喻品，下段画萨埵太子本生（接东披续完）。后部平顶画弥勒上生经变。西壁开一龛，龛口略方，龛内塑一佛二弟子二菩萨，画忍冬火焰背光，龛南、北壁各画三弟子，佛座两侧分别画婆薮仙和鹿头梵志。龛顶呈一面披形，佛光两侧各画散花飞天三身。龛上塑出龛楣，画火焰莲花化生和摩尼珠，采帛龙首龛梁，缠枝莲花龛柱。自北朝以来，龛梁尾部多塑龙首为饰，躯体蟠曲，张牙舞爪，形状凶猛，以示护法。龛外两侧壁面上部飞天及天宫栏墙以下，画维摩诘经变问疾品，南侧画文殊师利，北侧画维摩诘；以下，两侧各画三弟子、三菩萨。龛下残存药叉。南、北、东壁上沿均画飞天和天宫栏墙，栏墙下有三角形垂帐纹，以下画千佛，千佛以下画供养人、药叉。南北两壁的千佛中央各画有说法图一铺。图中西壁彩绘富丽，色调热烈。主尊跏趺坐佛面相和整个形体丰满圆实，塑造手法概括、洗炼并略带夸张；身着田相纹袈裟，质感厚重，衣纹仍作既有的阶梯式，但趋于简化。弟子和菩萨塑像都堪称杰作。阿难显得聪明稚气，迦叶（高1.65米）则表现为一个历经苦修的高僧，衰老消瘦而又通达爽朗。胁侍菩萨（高1.81米）亦是隋代菩萨的代表作，造型浑厚、结实，形象丰满、健康，五官和神情表现出一种女性美。

### 83 第419窟 人字披顶西披 法华经变譬喻品与萨埵太子本生之二

西披画面分上下三段。上二段画法华经变譬喻品。画面的大部分画着庞大而结构复杂的建筑群，屋顶纷纷起火。在此三界火宅之中，鼬狸鼷鼠、狐狼野干、诸恶毒虫

交横奔驰。上段北部院墙之外，列牛、羊、鹿三乘宝车，为长者诱子逃离火宅所设。下段北端画彩棚牛车一乘，珠宝、璎珞装饰齐全，以喻一乘大法。最下段画萨埵太子本生，故事情节上接东披。北起，画三兄弟山中见饿虎，萨埵太子舍身饲虎，二兄急报父王，收遗骨起塔供养。其中画萨埵太子舍身饲虎后，二兄驰回报信，打马如飞，穿过密林，越过山岭，表现生动。自然景色优美，起了衬托主题的作用。起塔供养以北的一些说法场面，似为上段譬喻品中的情节。

### 84 第419窟 后部平顶 弥勒上生经变

后部平顶中央画弥勒上生兜率天宫。图中五间歇山顶殿堂，堂内交脚菩萨坐须弥座上，两侧侍立二菩萨、四天王。殿堂外侧起重楼，高四层，内有诸天眷属奏乐、供养。后部平顶两侧，分别画乘龙车的帝释天（北侧）和乘凤车的帝释天妃（南侧），周围有飞天、人非人簇拥随行，表现诸天神前往兜率天宫赴会，画面充满欢乐的气氛。帝释天以下画菩萨坐束腰莲座上，为跪在膝前的信士摩顶授记，两旁侍立供养菩萨三身。与之对称，南侧的帝释天妃以下，亦画菩萨坐束腰莲座上，为思惟像，其左侧二供养菩萨侍立。

### 85 第419窟 人字披顶东披 须达拏太子本生与萨埵太子本生之一

东披画面分上下四段，上三段画须达拏太子本生，故事自最上段南端开始，至北端转入第二段，又至南端转入第三段，走向呈"S"形。此图情节详尽，画面不论屋宇庭园、花卉树石、飞禽走兽以及人物活动，都刻划得细致、生动。最下段画萨埵太子本生，故事自南端起，画萨埵兄弟三人辞别父王进山射猎，至北端转入西披下段。

### 86 第412窟 西壁龛顶

此窟窟顶及窟室东侧已毁。西壁中部开一龛，龛有双层龛口，内层里塑一佛八弟子，画化佛火焰背光，背光两侧画十菩萨。外层龛口内两侧塑二弟子二菩萨，画十弟子（现存八身）。龛内塑像均经清代重修。内层龛顶画飞天，为数之多，在隋代诸龛窟中居首位，达二十六身。飞天或操琴奏乐，或舞蹈散花，上下翻飞，蔚为壮观；其间杂有飞行比丘，更显丰富多采，欢快热烈。外龛口顶画火焰莲花化生龛楣及飞天六身，内层龛口周沿塑采帛龙首龛梁。龛外两侧壁面残存千佛及供养人。龛下残存供养比丘及五代天福年间重修题记。

### 87 第412窟 北壁 胁侍菩萨

南北两壁画千佛及供养人，东侧各塑菩萨立像一身。根据洞窟残毁情况，此像似应为立佛一铺中的胁侍。菩萨形体高大，体魄健硕，造型结实有力，是隋代泥塑中的优秀作品。

### 88 第410窟 西壁龛内 坐佛

此窟平面方形，覆斗形窟顶中央饰莲花藻井。西壁开一龛，龛有双层龛口，内层里塑一佛二弟子，虽经清代重修，但未失原作精神。佛像善跏坐，其肩、头、胸部比例适中，衣褶稀疏，衣纹流畅。龛内南壁画弟子三身，北壁漫漶。龛顶残存飞天二身，龛楣饰火焰纹。南壁和北壁各存千佛一部分，中有一龛，已残。

### 89 第425窟 西壁龛内南侧 胁侍菩萨

此窟为覆斗藻井顶窟，东部残损，窟顶西披存垂角帷幔一部分，西壁开一龛，龛口双层，龛内塑一佛二弟子四菩萨，龛内南侧两身菩萨保存完好。菩萨面形长方，但转折较为圆润，服装袒裸部分略少，裙饰联珠纹，裙腰外翻，裙带长垂，裙摆两下角微向外撇。彩塑制作上的种种表现已开唐初先河。

### 90 第407窟 西壁龛顶
### 91 第407窟 西壁龛内南侧 菩萨

此窟平面方形，窟顶作覆斗形，西壁开一龛，有双层龛口。龛内塑一佛二弟子四菩萨，均经清代妆修。佛像结跏坐，内穿僧祇支，胸前系带，外罩通肩袈裟，衣纹褶襞与以往相比趋于写实和简练。龛内画忍冬火焰纹背光，两侧各画四弟子。内层龛顶背光火焰两侧各画飞天四身，演奏横笛、竖笛、排箫、琵琶、筚篥及散花，职司不同而姿态各异。外层龛口内两侧各画二菩萨。内层龛口外沿画龛梁、龛柱。外层龛口顶画火焰莲花化生供宝龛楣及飞天四身。这种完全用绘画形式影作龛楣、龛梁、龛柱，而不用浮塑的做法，实际上是向唐代无龛楣的佛龛过渡的形式。龛外两侧及龛上均画千佛，千佛下为宋画供养人。

### 92 第407窟 东壁门上 说法图

东壁门上画说法图一铺，图中一佛二弟子二菩萨，上有宝盖、飞天。前壁门上画说法图的形式，首创于北魏，到隋代中期又被广泛采用。东壁两侧画千佛，千佛以下有宋画菩萨及供养人。

### 93 第407窟 南壁下部 女供养人

南、北壁都画千佛。千佛下，北壁存男供养人二十四身，南壁存女供养人十三身，东端被清代穿洞所破坏，余皆为宋代画供养人所覆盖。图为南壁下部的十一身女供养人，衣着样式和姿态整齐划一，只有在衣、裙的色彩上有规律地加以变化，从而避免了画面的单调。

### 94 第407窟 窟顶藻井

此窟的窟形、龛形、窟顶藻井装饰以及原壁画的布局，均属隋代中、晚期流行的格式。覆斗形窟顶绘千佛，中央饰藻井。藻井一改过去斗四抹角叠涩的形式，井心宽大，绘一朵八瓣大莲花。花瓣重叠，花心画盘旋追逐的三兔纹，这种画法已不同于北朝以来圆轮样的莲花；莲花四周蓝地色上，画环绕飞翔的八飞天，使人仿佛可以由天井仰望蔚蓝色的天空。井心四边画菱格莲花纹边饰和铺于四披的垂角帷幔。这是隋代藻井新形式的代表作之一。

## 95　第406窟　窟顶藻井

此窟平面方形，覆斗藻井窟顶，西壁中部开一龛，有双层龛口。龛内塑一佛二弟子，火焰背光两侧各画四弟子三菩萨，龛顶画二飞天，绘出龛柱、龛梁和火焰龛楣。龛口外沿画联珠纹一条。龛外两侧画千佛。龛下宋画二供养菩萨。南北东三壁均画千佛，千佛下宋画供养人、比丘和伎乐。窟顶画千佛，中央饰斗四藻井，井心画八瓣大莲花，花心饰三兔纹。边饰不再如以前以土红为地色，而改为以黑（变色后出现的效果）、青、绿、土红四色涂地，再以白线描绘忍冬纹样；虽然结构和形式沿用旧制，但敷色的改变已给人新颖之感。

## 96　第405窟　窟顶藻井

此窟平面方形，覆斗藻井窟顶，西壁中部开一龛，有双层龛口。龛内塑一佛二弟子二菩萨，火焰背光两侧宋画四弟子二菩萨。龛顶内层画二飞天，外层画一佛二菩萨。龛口外沿宋画菱纹边饰。龛外南侧漫漶，北侧宋画跌坐菩萨及供养菩萨，龛下宋画供器、供养菩萨、供养人。北壁和南壁画千佛，中央各画说法图一铺，千佛以下为宋画边饰、壸门内伎乐等，并有底层隋画供养人残痕。东壁画千佛，千佛以下为宋画供养人。覆斗顶中央饰盘茎莲花藻井，井心画八瓣大莲花，周围绕以盘茎莲花，井心周沿边饰有间色方块组成的栏墙状纹样。外周垂角帷幔铺于四披。这样的藻井形式不见于隋初。

## 97　第405窟　北壁中央　说法图

北壁中央说法图，左右两侧被清代穿洞所破坏，图中主尊为善跏坐佛，背屏上端两侧各饰一象头状异兽，象鼻系绳，有童子蹲跪执其绳，其下为后腿直立的狮子，站在盘上，盘下各一人，裸体，穿犊鼻裤，络腮胡，卷发，蹲跪举盘于头顶。

## 98　第404窟　西壁龛顶

此窟前部人字披顶、后部平顶皆满饰千佛。西壁开一龛，有双层龛口，内塑一佛二弟子四菩萨，多经清代重修。龛内火焰背光两侧各画四弟子。外层龛口内侧壁各画二菩萨。内层龛顶画菩提树。内层龛口外沿画采帛忍冬龛梁、莲花龛柱，外层龛顶画龛楣及飞天四身。龛口外沿画联珠纹边饰和龙首龛梁、莲花龛柱、火焰龛楣。龛外两侧壁面同南、北、东壁一样，上沿画飞天及天宫栏墙绕窟一周，栏墙以下画千佛，下部画供养人、药叉等。南北两壁中央分别画弥勒说法图一铺和跌坐佛一铺。图中可见描绘精细的龛楣，内层龛口上的龛楣画火焰莲花伎乐童子，每朵莲花上有一伎乐童子，操筚篥、弹琵琶、击腰鼓、吹横笛等，另有一些小朵莲花上又有摩尼宝珠。用色有青绿、褐（变色而成）、赤金等，富丽堂皇。火焰纹之上飞天散花。内龛顶上画菩提树，代替了通常装饰飞天的形式。

## 99　第404窟　北壁上部　飞天

窟内四壁上方均画飞天及天宫栏墙，以青色晕染天空，使窄小的带状壁面变成空旷深远的青空。这种天空的晕染方法，在隋代诸窟中很少见到。图中飞天，一回身吹奏笙管，一双手捧持鲜花，体态轻盈，面容秀丽，线描、赋色均工整细致。隋代的飞天，轻盈、快速、流动。此窟飞天是隋代中期的代表作。

## 100　第404窟　西壁龛内南侧　菩萨

龛内（外层龛口内）两侧各画二菩萨，与四身菩萨塑像合为八大菩萨。特别是北侧上部的菩萨像，虽然面部和肌肤变色严重，但仍可看出轮廓线和晕染的细微变化，俊俏的面容保持着魏晋以来人物造型清秀的特点，手拈忍冬花，姿态文静典雅，是敦煌石窟中最美好的艺术形象之一。图中南侧菩萨也同样具有清秀典雅的特点。

## 101　第404窟　南壁中央　说法图

图中主尊为善跏坐弥勒菩萨说法像，上有华盖，身后画两株龙华菩提树，左右二菩萨胁侍。与此图相对称，北壁中央画跌坐佛应为迦叶佛。这两铺壁画分别表现了过去佛和未来佛，与西壁龛内彩塑一铺的主尊释迦牟尼佛（现在佛）合为三世佛的题材。这种绘塑结合的方式在隋代中期是常见的。

## 102　第403窟　窟顶藻井

此窟平面方形，上有覆斗藻井窟顶，西壁开一圆券龛，龛顶一面披形。龛内塑一佛二弟子，画火焰背光、弟子。龛上及龛外两侧画千佛、弟子。龛下画莲花供宝及供养人。南、北、东壁画千佛，下部画供养人。窟顶饰千佛，中央饰藻井。藻井形式与第405窟属同一类型，均为盘茎莲花井心。所不同者：窟顶周沿、西披交界处和藻井井心边框均饰带状联珠纹边饰。

## 103　第402窟　人字披顶（部分）

此窟前室西壁两侧，残存隋代浮塑力士的痕迹。主室人字披顶和平顶均饰千佛。人字披顶脊枋处装饰莲花联珠纹。联珠圆环内画米字形（十字形交错而成）莲花图案，是隋代中、晚期之交出现的新纹样。

## 104　第402窟　西壁龛顶

西壁开一龛，双层龛口。龛内塑一佛二弟子四菩萨，均经清代重修。龛内火焰背光两侧画八弟子，外层龛口内画二菩萨。内层龛顶画菩提双树，内层龛口外沿画莲花龛柱、采帛忍冬龛梁，外层龛顶画火焰莲花化生龛楣及飞天四身，飞天俱作散花供养。龛口外沿画翼马联珠纹边饰，描绘精采，是敦煌联珠纹图案中的优秀之作。龛外两侧上沿画飞天、天宫栏墙和千佛。龛下五代画供养人、供养天、供养菩萨及供器。南北东三壁上沿均画飞天、天宫栏墙。栏墙下画千佛。南、北壁中央各画说法图一铺，与西壁龛内塑像合为三世佛。壁面下部画供养人等。

**105　第402窟　西壁龛内南侧上部　弟子**

　　龛内两侧壁画八弟子与彩塑二弟子合为释迦牟尼佛的十大弟子。图为龛内南侧壁上所绘四身。弟子多作青年僧人像，亦有老年像，分别捧花盆，合十，或持莲花火焰宝珠，作诸般供养状。弟子群像上方的菩提树，生机勃勃的绿色以及像是在清风中摇曳着的姿态，是很好的环境描写。

**106　第402窟　西壁龛内南侧上部　菩萨**

**107　第402窟　西壁龛内北侧上部　菩萨**

　　外层龛口内南北两侧壁上各画一菩萨。菩萨发髻增高，冠饰简约，裸上身，无僧祇支，宽阔的披巾覆裹肩、臂，手中各持莲花摩尼宝珠作供养状，形容秀美。身后各有一莲花化生及花朵、宝珠、忍冬花叶，增添了画面的意趣。鲜明的色彩和优美的线描造型显示了匠师的娴熟技巧。

**108　第282窟　西壁佛龛上部**

　　主室前部平顶和后部人字披顶均饰千佛。西壁开一龛，有双层龛口，龛内塑一佛二弟子二菩萨，火焰背光两侧各画菩提树与四弟子。外层龛口内两侧壁各画三菩萨以及莲花化生。内层龛口外沿画莲花龛柱、火焰摩尼珠龛梁。外层龛顶画火焰莲花摩尼宝珠龛楣。龛楣涂青绿、暗红、黑褐等色，使人有平稳舒适的感觉。龛楣上有六飞天，姿态生动，色彩协调；其中四身为散花飞天，两身为飞行比丘持香炉供养。外层龛口外沿画联珠纹边饰与龛梁。龛外两侧壁面画千佛。龛下画供养人，发愿文尾题"大业九年七月十一日造讫"，可知此窟建造年代恰当隋代中、晚期之交。南、北、东壁画千佛，下部残存女供养人。南北两壁中部各塑立佛一铺，原为一佛二菩萨，现各存菩萨一身。

**109　第282窟　西壁龛内南侧　胁侍菩萨**

　　西壁龛外层龛口内南侧彩塑胁侍菩萨立像，头微侧倾，双手合十供养，窄肩、窄胯，衣饰简略，是隋代中期一种造像风格的延续。塑像的颈部曾经后代重修。

**110　第281窟　西壁南侧下部　男供养人**

　　主室平面方形，覆斗藻井窟顶，壁画经五代、西夏重绘。西壁下设马蹄形佛坛（佛床），壁面表层后代壁画剥落处露出底层隋画跌坐佛及弟子，下部露出隋代供养人。图为南侧的隋代供养人，穿白色窄袖长衫，头裹黑色幞头，双手执香炉供养。人物面颜与须发线描工细，与简练的衣纹有所区别。北壁露出底层壁画隋代女供养人。南壁露出底层隋画部分，其下部为隋代供养人。

**111　第280窟　西壁南侧　弟子**

**112　第280窟　西壁南侧上部　授经说法**

**113　第280窟　西壁北侧上部　乘象入胎**

　　此窟前部平顶，后部人字披顶，西壁塑像。塑像为一佛（头已残毁）二弟子（仅存阿难），两侧各画四弟子，绘塑合计为十大弟子。弟子形象诚挚憨厚，面部以淡彩晕染。西壁北上角画乘象入胎。图中菩萨骑在飞奔的白象上，二力士一前一后托举着象的四蹄，另有一力士腾起在上空作引导，六身伎乐天女奏乐随行。西壁南上角画释迦为弟子授经说法，图中释迦在须弥座上结跏趺坐，双手展开经卷，面对跪在莲花上手执香炉的比丘授经，身后有跪坐听法的弟子八身，上空有散花飞天，流云天花如雨。北壁和南壁画千佛，千佛下分别画男女供养人各十五身、比丘一身及药叉。东壁画千佛，千佛下南北两侧分别画牛车侍从和马夫与马。

**114　第280窟　人字披顶西披　涅槃**

　　前部平顶和后部人字披顶均画千佛，人字披西披中央画释迦涅槃图。涅槃图以白粉涂地，在周围土红色基调的千佛之中十分醒目。图中娑罗双树下，释迦着红色袈裟，侧卧入灭。身前身后诸菩萨、弟子、天人眷属围聚着悲痛哀悼。有的掩面而泣。有的扑倒在释迦的床上撕扯着自己的头发。枕前姨母坐莲座上。床前有晕厥倒地的密迹金刚。脚跟有点火自焚的舍利弗和远道赶来的大迦叶。构图简单，但表现细腻，较之此前的涅槃图更显丰富。

**115　第278窟　西壁南侧上部　逾城出家**

**116　第278窟　西壁北侧上部　乘象入胎**

　　此窟人字披顶画千佛，西壁开一龛，龛外两侧上部分别画乘象入胎和逾城出家，均以土红色为地。北侧画大象足踏莲花，菩萨结跏趺坐象背上，前后伎乐天演奏箜篌、琵琶等伴送，姿态优美。南侧画白马驰跃，四力士乘云托举马蹄，后有童子飞天跟随，这是悉达多太子（释迦牟尼）夜半乘马逾城出家的情景。

**117　第278窟　西壁南侧　菩萨**

**118　第278窟　西壁北侧　菩萨**

　　西壁龛外两侧佛传故事画乘象入胎、逾城出家的下方，各画菩萨一身。北侧菩萨左手持插垂柳枝的净瓶于胸前，右手下垂执披巾。南侧菩萨右手托莲花于胸前，左手下垂提净瓶。二像肃立，仪态宁静沉稳。

**119　第278窟　西壁龛内北侧　弟子**

　　西壁内外层龛内塑一佛二弟子二菩萨（弟子皆残）。龛内两侧内外层各画二弟子。其中北侧外层龛口内北壁二身弟子，一老年弟子左手托香炉，右手提净瓶；另一青年弟子手持莲花，悟道沉思。线描简练，但准确有力。内层龛口外沿画龛柱、龛梁、龛楣。外层龛口外沿画联珠纹。窟室南北两壁上段画飞天及天宫栏墙，中段画说法图，下段为五代画供养人。东壁门上画七佛(三身已残)，门南、北两侧各画天王一身。

**120　第277窟　西壁龛口边饰**

　　此窟覆斗藻井顶，西壁开一龛，龛口双层，龛口外沿画对马联珠纹边饰。图案环形联珠中心，各画两匹翼马相对而立，对马之间有忍冬花叶纹样，对称规范之中有微妙的变化，是联珠纹的代表作。

**121　第276窟　西壁龛上　二佛并坐图（部分）**

此窟覆斗形藻井顶，西壁开一龛。窟顶西披存二佛并坐像一铺。由西壁龛上起，直达窟顶西披，画出宽大的莲台和龛形建筑，包括莲花龛柱、采帛忍冬龛梁和火焰龛楣。龛内释迦、多宝二佛并坐，其间有多宝塔，两侧二菩萨胁侍，龛外有羽人。此图经西夏修补，北半保存稍好，南半已漫漶。南、北披各存飞天一身。

**122　第276窟　西壁南侧　维摩诘经变问疾品文殊**
**123　第276窟　西壁北侧　维摩诘经变问疾品维摩诘（部分）**

西壁开一方口龛，龛内隋塑存一佛一弟子一菩萨，龛顶作一面披形，画火焰背光与双树。背光两侧西夏画飞天、云气。龛外北侧画维摩诘，南侧画文殊，龛下西夏画比丘、侍者并存隋画供养人。维摩诘经变在敦煌始于隋代，以表现问疾品为主，一般在西壁正龛两侧，绘成维摩与文殊各居一室相对而坐的格局，此窟西壁两侧却画成两尊单身立像，仅以山石花树为衬景，省略了听众和建筑，将笔力着重于刻画主要人物形象。图中维摩诘头戴儒巾，手执羽扇，表现为一个饱学的长者，在论辩中深思熟虑、胸有成竹。对面的文殊立在树下，形体秀美，年轻而充满才智，双手扬起，像是借助于手势，正在全神贯注地谈论。

**124　第276窟　北壁说法图中　胁侍菩萨**
**125　第276窟　南壁说法图中　观音、迦叶**

南、北壁均画说法图一铺，其下画供养人。图为南壁说法图结跏坐佛左侧的菩萨和弟子。菩萨持柳枝、净瓶，宝冠上饰化佛，具备隋代以降观世音造像的特征。弟子为迦叶。此图似可视为阿弥陀说法图。北壁说法图主尊为善跏坐菩萨说法像，或可推知此窟亦作绘塑结合的三世佛布局。说法菩萨右侧胁侍，左手托钵，右手提净瓶，立于古松山岩之下。此窟说法图中及文殊立像身后所画山岩，已见石分三面，表现出立体感，且山势险峻，上面点缀树木。中国画的山水画传统技法，此时已初具规模。东壁门北残存天王像一角。

**126　第62窟　北壁西侧　山间禅僧**
**127　第62窟　北壁下部　供养人**
**129　第62窟　东壁北侧下部　供养人及牛车**

此窟于五代凿建第61窟时被破坏，现残存窟顶、北壁、东壁与西壁的佛龛。窟顶为人字披形，东西两披画千佛。北壁上段画千佛，中段说法图西侧残画中存二苦修禅僧形象。禅僧坐山中修行，背景群山已见峰峦叠嶂之势，已完全不同于早期"群峰之势若钿饰犀栉"的面貌。北壁下段画供养人各执花枝。东壁上下分段布局与北壁相同，下段北侧存执花女供养人三身及供养牛车一乘。

**128　第62窟　西壁龛顶北侧　持拂天女**

西壁开一敞口龛，龛内火焰背光两侧各残存天女一身、飞天二身。天女披间色披肩，着间色长裙，手中持拂，侍立供养。龛外周沿画联珠纹，两侧壁面上段画千佛、中段画供养菩萨一身、下段画供养比丘一身。

**130　第298窟　西壁**

此窟是一个仅一米见方的小窟，人字披顶画千佛，四壁不开龛，西壁画说法图一铺。图中结跏坐佛居中，两边站立十大弟子和二胁侍菩萨，上有宝盖、双树和飞天。图下发愿文两侧画男女供养人各二身。西壁下现存西夏塑像残台座一个。南、北两壁画千佛，下画供养人。东壁门上画禅定佛一铺，门南、门北各画天王一身。

**131　第283窟　西壁龛内　坐佛（部分）**

此窟覆斗形顶，藻井已残，四披画千佛亦残。西壁开一龛，内塑一佛二弟子，原有二菩萨塑像已无存，卷草纹背光两侧各画二菩萨。龛顶画一坐佛、四飞天。龛顶为一面披形。龛口外沿画联珠纹边饰。西壁龛外两侧上部，南侧画夜半逾城，北侧画乘象入胎。龛外两侧中部各画菩萨一身。龛下画男、女供养人（已残）。南、北壁画千佛。北壁大半残损，仅存一部分，南壁中央存说法图一铺，下残存供养人、药叉。东壁已坍毁。此窟造像面相圆润饱满，具有隋末唐初的特点。背光一改常见的火焰纹饰而采取枝叶阔大的卷草纹，色彩鲜艳，意匠独到。

**132　第313窟　东壁北侧　天王**

此窟平面方形，窟顶覆斗形，藻井为隋代末期出现的新式样；井心小，中央置八瓣莲花，井心周沿边框层次多，间色方块内画小花图案。这种形式是唐代藻井的雏形。藻井外四披画千佛。东壁门上画七佛，这是隋代诸窟中多见的布局。图中七世佛坐于帐形龛内，其造型较千佛有更多姿态上的变化。门北存天王像，右手执戟、左手托莲花火焰宝珠，头戴三珠冠，身着戎装，是当时武士形象的写照。

**133　第313窟　北壁说法图中　飞天**
**134　第313窟　南壁　说法图（部分）**

此窟不开龛，正、侧三壁以三铺大型壁画说法图来表现三世佛。西壁画释迦说法图，后经晚唐塑一佛二菩萨及清塑二弟子。南壁画弥勒菩萨说法图，北壁画过去佛说法图，壁前残存清塑。说法图均作素白地，以赭红为主调，间用少量青绿，色彩简洁，笔力奔放，上方飞天描绘生动。

**135　第314窟　西壁南侧　维摩诘经变问疾品文殊**
**136　第314窟　西壁北侧　维摩诘经变问疾品维摩诘**

此窟主室平面方形。覆斗顶。藻井井心盘茎莲花图案与第311窟藻井基本相同，井心周沿边饰较后者层次丰富、变化多样，可以看出为了创造新形式在作着不懈的探索。藻井垂角帷幔以下四披画千佛。西壁开一龛，有双层龛口，内塑一佛及清塑四弟子二菩萨。佛像经清代妆修，结跏趺坐，面相圆润，肩部略窄而圆，着双重袈裟，外衣双领下垂，内衣交领，衣裙自然、富有质感。火焰背光两侧画莲花。一面披形龛顶火焰两侧画二飞天。外层龛口内侧壁各画飞天，外层龛口顶画化生龛楣。龛外南北两侧壁面上画千佛，千佛下分别画维摩诘经变问疾品的文殊和维摩诘。文殊坐殿内胡床上，旁立菩萨。阶前、阶下有听法比丘及众人围坐。殿后绿树成荫，上空飞天扬花。维摩诘右手挥麈尾，左手扶三足几，坐殿内胡床之上，周围人物、景色、建筑与文殊图相同。维摩诘以下画树下菩萨授记，文殊以下画菩萨思惟。

## 137 第314窟 西壁南侧 半跏菩萨

西壁龛外南侧半跏菩萨画在维摩诘经变问疾品文殊的下方，与西壁北侧的菩萨授记相对称，都以莲蕾、化生点缀树下的优美环境。图中菩萨半跏坐于束腰莲座上，虽然壁画变色、漫漶，仍可辨出双眼微闭静坐思惟的神情。

## 138 第314窟 东壁北侧 说法图

南、北两壁上段画千佛，中段画说法图各六铺（南壁存五铺），下段画供养人。东壁门上画千佛、七佛。门南、门北各画双树下说法像上下二铺。图为东壁北侧上部的一铺，构图简单，没有胁侍或会众作陪衬，但是宝盖、背光、八角形须弥座和双树、莲花的描绘仍然呈现出丰富的变化。各幅说法图与整窟壁画一样，色彩上统一在赭红为主，间以青、绿的基调之中。

## 139 第401窟 窟室内景
## 141 第401窟 西壁龛内北侧 菩萨

此窟平面方形，覆斗形顶，西壁开一龛，有双层龛口，内塑一佛六菩萨。南、北壁亦各开一龛，形成三龛的窟室布局。东壁门北侧有"壬午年六月五画毕"题记，疑为初唐武德五年(公元622年)补画时所书。西壁佛龛内龛西壁画七宝塔火焰背光，两侧壁各画三菩萨。外层龛口内两侧壁上段各画三菩萨，菩萨面形趋于丰圆，长发披肩，身材匀称；下段初唐时画二菩萨。内龛外沿浮塑龛梁，两侧各画一供养菩萨，其上身一部分隐在背光之后，手擎莲枝，动态活泼、欢快。龛顶内层画十飞天。描绘众多的飞天，是隋代龛顶装饰最常见的形式。龛顶外层画火焰莲花化佛龛楣。火焰龛楣两侧画帝释天(北侧)和帝释天妃(南侧)，分别乘四龙、四凤车，前有飞天导引，后有翼马、凤鸟、飞天、人非人等随从。帝释天和帝释天妃采用我国传统神话题材中东王公和西王母的形象，在北朝、隋初一般都画在窟顶或者西壁龛外两侧壁面的上段，此窟则画龛顶；与内龛顶的飞天一样，都是在狭小的空间里作繁密的构图，经过精心的安排和描绘，竟能给人以自由翱翔在万里长空的感觉，毫无局促之嫌。龛口外沿画团花联珠纹，团花纹样多变化。龛外南北两侧上段各画千佛，中段各画菩萨一身。龛下初唐画菩萨。

## 140 第401窟 北壁龛顶
## 142 第401窟 北壁龛内东侧 菩萨及供养童子

南北两壁画千佛，各开一龛。南壁龛内塑交脚菩萨一身、胁侍菩萨二身；初唐画背光、六菩萨、飞天、赴会佛及供养童子。龛下初唐画阿弥陀佛一铺及供养人。北壁龛内塑普贤乘象及胁侍菩萨二身，龛顶画菩提宝盖和六飞天，龛壁画八菩萨及二供养童子。龛下初唐画说法图一铺。东壁门上画七佛，门两侧上段画千佛，其余壁面皆为初唐、五代所画说法图和佛、菩萨像。

## 143 第401窟 窟顶藻井

此窟主室覆斗藻井顶，四披画千佛。莲花飞天藻井，井心以石绿为地，中央置八瓣大莲花，周围飞天、翼马、凤鸟环绕飞驰；井心外周边饰禽鸟联珠纹，垂角帷幔铺于四披，四角各饰一莲花化生，结构独特，色调清新。

## 144 第398窟 西壁龛顶

此窟平面方形，覆斗顶，西壁开一龛，有双层龛口。此窟四壁上段画飞天及天宫栏墙，南、北壁中段画说法图一铺，东壁中段画天王（残，门北五代改画菩萨），下段均画供养人（已漫漶）。西壁龛内塑一佛二弟子四菩萨（经清代重修）。火焰背光两侧画飞天，下部各画一供养童子、一伎乐童子。内龛外沿画火焰莲花龛柱、采帛忍冬龛梁。外层龛顶画火焰莲花化生伎乐龛楣及二飞天。外层龛口外沿画条形联珠纹，上画火焰龛楣，楣尖火焰达于窟顶西披。龛外两侧中段各画菩萨一身。此龛沿用隋代中期利用双层龛口画双重龛楣的形式，内龛楣化生童子手拨琵琶或作舞蹈状，莲花造型规整，花叶宽大，构图稍见疏朗，整个龛顶装饰与隋代中、晚期的细密风格有所不同。

## 145 第398窟 西壁龛内南侧 供养童子
## 146 第398窟 西壁龛内北侧 供养童子

西壁龛口内两侧壁画莲花童子裸体，披巾，穿犊鼻裤，手捧莲花面佛供养；白皙的肌肤上略施赭红色晕染，表现出孩提的天真活泼。其上方伎乐童子坐莲花上，抱琵琶作徐徐下降之势。这安插在塑像之间的小场面，堪称补白的佳作。

## 147 第398窟 窟顶藻井

此窟覆斗藻井顶，四披残存千佛。斗四藻井作二层叠涩。井心画十六瓣大莲花，花心为四色旋转法轮状图案。井心周沿边饰赭红地色上用黄白云线画成菱格纹，代替了前期习用的忍冬纹。四抹角画火焰宝珠，垂角帷幔铺于四披。

## 148 第396窟 窟顶藻井

此窟主室覆斗藻井顶，四披画千佛。藻井中央一朵十瓣大莲花，几乎充满井心，唯四角露出花朵的一瓣，装饰简洁，明快醒目。四角花瓣的处理还略带有斗四藻井抹角的余意。西壁开一双层口龛。龛内塑一佛二弟子四菩萨，两侧各画四弟子一菩萨。内层龛口沿画莲花龛柱和龛梁。

内层龛顶画二飞天。外层龛顶画火焰化生龛楣及二飞天。龛外两侧画千佛。龛上画莲花图案及飞天二身。龛下画供养人、比丘、药叉。南北东三壁画千佛。南、北壁中部各有说法图一铺，下画药叉。

**149　第397窟　西壁龛顶南侧　逾城出家**
**150　第397窟　西壁龛顶**
**151　第397窟　西壁龛顶北侧　乘象入胎**

此窟主室平面方形，覆斗形顶，西壁开一龛，有双层龛口，内塑一佛二弟子四菩萨（经清代妆修）。化佛火焰背光两侧各画四弟子、二菩萨、一供养菩萨。下部佛座两旁画婆薮仙和鹿头梵志。内层龛顶火焰两侧画佛传故事。北侧画乘象入胎，表现摩耶夫人夜梦菩萨乘六牙白象前来投胎。象载菩萨，乘浮云而行。飞天捧供器作前导，亦有持香炉相送。有菩萨持旌幡伴随，亦有天女演奏琵琶、笙管。南侧画逾城出家，表现悉达多太子立意出家，夜半乘马逾城入山修行。逾城之时，有天王托马蹄升空，有飞天引导，有散花飞天随行供养。并有诸天菩萨奏乐护持。内层龛口外沿画龛梁，两侧各一菩萨、一供养菩萨、一化生。外层龛顶画火焰龛楣及六飞天。莲花龛楣以一佛二供养菩萨居中。佛作结跏趺坐说法状。莲花枝叶茂盛，在肥硕的花、叶覆盖下几乎不见枝茎。外层龛口内两侧壁各画二菩萨。龛口外沿画联珠纹边饰，两侧画千佛。龛下初唐画城阙、供养菩萨、药叉等。

**152　第397窟　南壁下部　供养菩萨**

南、北壁各画千佛，中央画说法图一铺，下段画供养菩萨和供养人。东壁画千佛，下段供养菩萨。南壁说法图下供养菩萨相对跪坐于供器两侧，手持长柄香炉，动态自然。据各种迹象看，此图应是初唐时在隋窟中补续而成的作品。

**153　第397窟　窟顶藻井**

覆斗顶四披画千佛，转角处皆饰带状联珠纹。藻井井心画盘茎莲花，中央画八瓣重瓣大莲花，莲瓣以多色叠染，花心画三兔纹，这是隋代出现的最有代表性的花心纹饰。井心周沿边饰四道，其中有两道画不同纹样的联珠纹。垂角帷幔铺于四披，帷幔下沿镶边。

**154　第394窟　西壁南侧　菩萨**
**155　第394窟　西壁北侧　菩萨**

此窟平面方形，覆斗形顶，西壁开一双层口龛，龛内清代塑像一佛二弟子二菩萨。龛内画火焰背光、二飞天二菩萨、莲花龛柱及忍冬龛楣。龛口外沿画联珠纹边饰。龛外两侧上段各画二佛并坐像一铺，中段各画菩萨一身。菩萨皆提净瓶，并持柳枝或火焰宝珠，立于莲台上，用笔简练、稳健。龛下男供养人存六身，女供养人存五身。

**156　第394窟　南壁西侧　说法图**
**158　第394窟　北壁西侧　说法图（部分）**

南北两壁各画说法图二铺，均以西侧一铺保存较好，图中各画结跏坐佛和二弟子二菩萨，构图较疏朗。画面粉白地色上，以土红色线起稿，上敷淡彩，不再加描定稿线。说法图上半部均画菩提、宝盖，两侧画四伎乐飞天，作对称的格局。飞天体态轻盈，飘带细长多转折，富有表现力，增强了动势。两壁下段存供养人、比丘、比丘尼一部分。

**157　第394窟　东壁南侧上部　药师经变（部分）**

东壁门上画药师经变一铺，作横卷构图，居中药师佛两侧侍立日光、月光菩萨，十二药叉大将各捧火钵，跪树下供养。与前期同类题材比较，画风简洁，装饰性强，画面形象除图解之外，更着重于抒情的意味。此图以下，门南、北两侧各画天王二身。

**159　第394窟　窟顶藻井**

此窟主室覆斗藻井顶，四披画千佛。藻井画盘茎莲花井心，图案结构和谐统一，装饰纹样趋于简略，这是隋末藻井的一个特点。

**160　第393窟　窟顶藻井**

此窟覆斗藻井顶，四披画千佛。藻井井心画八瓣大莲花，周沿数道边饰中以饰莲花纹样的间色方块图案为主。四壁不开龛，西壁宋塑一佛二菩萨（经清代妆修），画西方净土变一铺，下画药叉。南北东三壁画千佛，下画供养比丘、供养人。

**161　第392窟　窟顶藻井**

此窟主室覆斗藻井顶，四披画千佛、飞天（南、东、北披均残毁）。藻井井心中央画重瓣十二瓣大莲花，左右两侧各绘一龙。藻井外围画飞天一周，现仅存西披一部；居中为莲花火焰宝珠，四飞天两两相向而飞，奏乐或捧鲜花供养。这样的双龙藻井并在周围画飞天是前所未见的新形式。至此，窟顶装饰日趋活泼多变。西壁开一双层口龛，龛内塑一佛二弟子四菩萨，画十弟子、二菩萨、一飞天、火焰佛光、莲花龛楣。龛外中唐、五代画菩萨。龛下五代画供养人。南壁塑弥勒菩萨一铺，左右二胁侍菩萨。壁面画千佛，下五代画供养人。北壁塑一佛二菩萨，画千佛，五代画供养人。东壁门上画说法图。门两侧边沿五代画菩萨各一身，下为五代画供养人。其余壁面皆画千佛。

# 隋末唐初

**162　第390窟　窟室内景**

此窟主室覆斗藻井顶，四披画千佛。西壁开一龛，有双层龛口，龛内彩塑以善跏坐菩萨为主像，左右塑二童子四菩萨，均经清代重修。龛内化佛火焰背光两侧各画菩萨九身，下部佛座两侧画婆薮仙、鹿头梵志。外层龛口内两侧各画菩萨四身。内层龛口外两侧各画龙首龛梁、莲花龛柱及化生、供养童子。内层龛顶背光火焰两侧各画六飞天。外层龛顶画莲花火焰龛楣及六飞天。龛楣中央画一佛坐莲台上，盘茎莲花向左右伸展。和藻井图案一样，省略了化生童子和摩尼珠，刻意表现对称排列的十朵莲花。盘茎条理清晰，花叶用色有青、土红、赭石、褐以及变色形成的黑色相间分布，又作叠晕，绚丽的色彩给人以百花盛开之感。外层龛口外沿画条形联珠纹。双层龛口扩大并丰富了空间的层次。内外两层龛顶，背光和龛楣的熊熊火焰之上，画着成群成队的飞天。土红地色犹如映照天空的火光。飞天姿态各异，分外活跃，飘带的形式感与火焰相一致，使画面呈现出十分热烈的气氛。西壁龛外，同南、东、北三壁一样，上段画飞天及天宫栏墙，中段分上下三层画为数众多的说法图，下段画供养人。据北壁供养人题名考证，此窟修建完工的时间当在唐武德初年；但就洞窟形制、塑像造型、壁画风格及供养人衣饰等看，仍保持着隋代晚期的特点。

**163　第390窟　北壁**

**164　第390窟　北壁中央　说法图**

**165　第390窟　北壁东侧　说法图**

　　南北两壁作对称的布局，均以说法图为主体。图为北壁，壁面中央画一铺较大幅的善跏坐菩萨说法图。菩萨后有双树，上有宝盖、飞天，左右二菩萨胁侍。壁画弥勒菩萨说法图是隋代新兴的题材，而且愈到晚期愈上升到重要的地位。围绕着弥勒说法，壁面上下排列着三段为数众多的跌坐佛像，共计三十三身。佛坐须弥座上，多数作说法相，亦间有禅定相，均有二菩萨胁侍。整个窟室，如果除去南北两铺菩萨说法图和东壁门上所画的七佛并坐像，这种形式大体相同的坐佛总计共一百一十四身，大都画面简洁，主要青、绿、灰、黑、土红等几种颜色，清淡而略偏冷，总起来看具有朴实爽目的效果。虽然形象十分概括洗炼，且看去线描不甚明显（未勾定稿线），但仍能够准确有力地刻划出人物的形象，尤其菩萨，窈窕的身姿、清秀的面目、温婉的神情，都得到了比较充分的表现，反映出绘画技术十分纯熟。说法图的上方，壁面上沿画飞天及天宫栏墙，说法图以下画供养人。

**166　第390窟　南壁上部　飞天**

**168　第390窟　南壁上部　飞天**

　　四壁上沿画飞天绕窟一周，飞天下有天宫栏墙建筑，仍作早期天宫伎乐的形式。隋代飞天以轻捷、快速、飘逸、秀美见长。画师以足智善变的才艺，绘成千姿百态的飞天，无不适应各种构图的需要，画来轻盈、娇健，在飘带和衣裙的烘托下充分表现出飞行疾进的动势，为早期所不及。此窟飞天数量多（不算龛内，四壁天宫伎乐合计达三十八身），描绘出色，奏乐、散花、舞蹈、礼拜，各各生动，姿态变化深得起承转合之妙；而且除了难以避免的变色而外，保存相当完好。

**167　第390窟　南壁东侧下部　供养伎乐**

**169　第390窟　南壁下部　女供养人**

　　四壁下部画供养人上下两列，上列为隋画供养人八十三身及从者八十余人，下列为五代画供养人及从者七十二人，合计整个窟室供养人约逾二百四十人。东壁上列南北两侧分别画供养人行列中的供养牛车和供养马匹及驭者、侍从、卫队等。隋代男供养人穿长袍，捧花盆，画在西壁北段及北壁。女供养人行列画在西壁南段及南壁。女供养人身材颀长，穿窄袖小衫，系长裙，披帛很自如地从两肩或肘弯垂下，其手捧花枝，动作优雅，色调柔和。南壁东端，女供养人队尾画供养女乐一组，计八人，分别演奏着琵琶、筚篥、方响、横笛、排箫等诸般乐器，缓缓行进。

**170　第390窟　西壁龛内北侧下部　婆薮仙**

　　龛内主尊宝座两侧画外道仙人婆薮仙和鹿头梵志的形象，这是莫高窟早期壁画的常例。此窟所见表明隋代艺术在这一题材上的演进。图中婆薮仙体魄健壮有力，面目虽然属于粗犷的类型，但流露出善良和睿智，不再是枯瘦的婆罗门老人形象。画师在人物刻划上已经赋予了一定的个性，而并没有因为是皈依的外道而加以轻视和丑化。

**171　第390窟　窟顶与东壁上部**

　　窟顶四披千佛中央的藻井，井心纹饰与第394窟藻井相似，画盘茎莲花图案，正中画重瓣九瓣大莲花，周围盘茎上缀十二朵小莲花。花心或四角，没有画化生童子或飞天、宝珠，而是着力描绘了莲花的形象；造型写实，多变化，却又经过高度概括，排列规整，不失为优秀的图案作品。井心周沿边饰图案多饰小花纹样，垂角帷幔铺于四披。帷幔镶边的形式，又有发展；镶边大大加宽了，上面装饰描画精致的莲花联珠纹。帷幔的褶纹富有质感。

**172　第244窟　西壁**

**174　第244窟　西壁南侧　供养童子**

**175　第244窟　西壁南侧　供养菩萨**

**176　第244窟　西壁南侧　阿难（部分）**

　　此窟先后经五代、西夏改画，甬道两壁有五代画曹议金、曹元德供养像。主室覆斗藻井顶，四披画千佛，边缘画条形联珠纹，藻井尚存画出的十字梁架与部分斗拱，垂角帷幔铺于四披。壁面不开龛，沿南、西、北壁墙脚凿出马蹄形低坛（佛床），坛上倚壁面塑三铺佛像，为大型彩塑三世佛。图为西壁，居中释迦佛塑像在须弥座上结跏趺坐，背后塑出背光，绘火焰化佛图案；两侧迦叶居左、阿难居右，二菩萨胁侍，一铺塑像共五身。壁面上沿画飞天及天宫栏墙绕窟室一周。栏墙下壁画分上下三段。西壁上段背光两侧说法图各一铺，均作一佛二弟子二菩萨。中下段均画在塑像之间填补空白，两侧共画佛弟子六身、供养菩萨二身及供养童子二身。供养菩萨手捧莲花火焰珠，胡跪供养。供养童子穿犊鼻裤，持花供养，颇带童子稚气。主尊坐下八面须弥座的五面经西夏重绘菩萨五身。

**173　第244窟　西壁南侧下部　弟子**

　　西壁南下角，胁侍菩萨塑像身后右侧壁面上画佛弟子像。图为一老年比丘，右手扬掌，左手托钵；袈裟着色，头面手足皆白描成形。线描粗壮浑厚，造型准确，寥寥数笔已经传神。

### 177 第244窟 北壁
### 178 第244窟 北壁东侧上部
### 180 第244窟 北壁东侧 胁侍菩萨

北壁塑菩萨装立像，戴宝冠，佩双蛇衔珠项饰；高4.01米，为未来世弥勒说法像；左右胁侍菩萨分别高3.18米和3.06米。壁画布局上段同南壁相对称，画说法图四铺。中下段立佛两侧画二菩萨二侍者，二胁侍菩萨外侧各画说法图二铺。佛床西北侧三面皆为五代画壹门内伎乐天。此窟塑像具有代表性，身体比例已由头大肩宽腿短而变得匀称，面相已趋浑圆饱满，不再是隋代中期敦实方正的形象。衣饰华丽，但色彩柔和雅致。其中，北壁左胁侍是突出的代表作。

### 179 第244窟 北壁东侧 说法图
### 182 第244窟 东壁北侧 说法图

四壁说法图共计二十七铺，多作一佛二弟子二菩萨，少数作一佛四菩萨或一佛二菩萨，均属隋代常见的样式。东壁中段北侧的一铺说法图比较特殊，跏坐佛的左右二胁侍菩萨的外侧，北侧画一阿修罗王，披巾，着短裙，赤腿，双龙由两腿盘绕而上于头顶项光之上相交；南侧画毗那夜迦，象头人身，服饰与阿修罗王一致。这样的题材和构图或可看作是当时艺术探索过程中正在酝酿着的某一经变画的雏形。东壁隋代画说法图九铺，门上有五代画说法图、西夏画立佛各一铺，门两侧有西夏画供养菩萨等。

### 181 第244窟 南壁

南壁塑立佛，着通肩田相纹袈裟，为过去世迦叶佛，有化佛项光，两侧塑二胁侍菩萨。壁画上段画说法图四铺，中下段胁侍菩萨外侧各画说法图二铺；立佛两侧画二弟子二菩萨二供养菩萨。壁面绘塑布局与北壁大体对称。以正壁和两侧壁三铺立佛造像明确表现三世佛的内容，自北魏以来已属常见，著名的实例如云冈石窟第20窟和龙门石窟宾阳中洞等，均为煌煌巨制。此窟造像则以彩塑的华丽、细腻见长，在丰富多采的壁画烘托之下，无形中开阔了空间，具有独特的艺术效果。

### 183 第389窟 西壁龛顶

此窟主室覆斗藻井顶四披画千佛。藻井中央画一重瓣大莲花，几乎充满井心。井心周沿边框纹饰比较简略，边框外四角各画一朵莲花，垂角帷幔皆无纹饰，镶边的帷幔铺于四披。西壁开一龛，有双层龛口，龛顶略呈圆券形。龛内塑一佛二弟子二菩萨，均经清代重修。龛内火焰背光两侧画双树、二飞天、二菩萨。在内层龛顶同时装饰菩提双树和飞天是新的做法。外层龛口内，画火焰莲花伎乐龛楣，采帛忍冬龛梁。龛口外沿画条形联珠纹，同样的纹样也装饰在四壁以及窟顶四披的外周。从龛顶来看，纹饰比

前期简略，但形象鲜明，内外龛层次清晰。

### 184 第389窟 南壁下部 女供养人

南北两壁均画千佛，中央画说法图各一铺（遭穿洞破坏，仅存部分）。千佛以下南壁存女供养人十身，北壁存男供养人十三身。图中南壁西侧下部的女供养人，前两身穿方领窄袖敞衣、内系长裙、双手捧一莲花，后两身穿交领宽袖衣、系长裙、披长巾、袖手、持一长茎莲花。东壁画千佛，千佛以下门南画供养牛车，门北画供养马匹。四壁供养人行列以下均画药叉，大都模糊。

### 185 第389窟 西壁南侧 菩萨
### 186 第389窟 西壁北侧 菩萨

西壁龛外两侧各画二菩萨。菩萨立在莲花宝池中的一朵大莲花上，手拈花枝，托宝珠，提净瓶，形容姣好，栩栩如生。龛内外绘、塑合计为八菩萨。龛下中部画供器及双狮，南侧画比丘尼引导女供养人，北侧画比丘引导男供养人。

### 187 第388窟 窟顶藻井

此窟主室覆斗藻井顶，四披画千佛，边饰联珠纹。藻井井心中央画一朵大莲花，四隅有角花，周沿多层边饰，纹样简单，色调明快，帷幔镶边。藻井四周各画双飞天，东西两披为飞天供宝，南北两披作飞天散花。隋代晚期开始在藻井四周配置飞天，与藻井合为一方，浑然一体。这种新形式在初唐得到了进一步的发展。西壁开一龛，龛内塑一佛二弟子四菩萨，经清代妆修。龛内背光两侧各画一佛弟子，下画婆薮仙和鹿头梵志，龛顶画飞天、化生。

### 188 第380窟 西壁南侧 维摩诘经变问疾品文殊
### 189 第380窟 西壁北侧 维摩诘经变问疾品维摩诘

此窟平面方形，覆斗形顶，西壁开一龛，龛内塑一佛二弟子二菩萨，经清代妆修。佛座正面画婆薮仙、鹿头梵志，两侧面各画禅定佛一身。火焰化佛背光两侧各画四弟子，下有优婆夷和火中禅定。西壁龛上画六飞天。龛两侧上部画维摩诘经变问疾品，下部各画供养比丘尼二身。龛下宋画供养菩萨、供养人及供器。维摩诘经变文殊师利问疾品，南侧为文殊师利问疾，文殊坐歇山顶建筑内，两边菩萨侍立，阶下跪坐成排的听法菩萨；北侧为维摩诘，场景与文殊相同，两边立侍者二人，阶下听法弟子一排。

### 190 第380窟 东壁北侧 天王
### 191 第380窟 东壁南侧 天王

南北两壁和东壁上沿均画飞天和天宫栏墙、垂角帷幔。栏墙枋头纹饰新颖，忍冬、莲花之间兼绘有鸟兽、鱼龙、人面等纹样。垂幔以下画千佛。东壁门上和南、北壁中央各画说法图一铺。说法图上部宝盖双树两侧各画一供养飞天和一童子飞天，均作散花状，飘带和云气表现出动势。北壁说法图为降伏火龙相。东壁门两侧各画天王一身。门南天王右手持矛，左手叉腰，头戴三珠宝冠，穿甲

披帛，足踏地鬼，甚有威仪。门北天王左手托塔，右手持矛，顶盔挂甲，全然是当时现实中武将的形象。

### 192　第380窟　窟顶藻井

此窟主室覆斗藻井顶，四披画千佛，边饰条形联珠纹。斗四藻井，方井套叠四层。中心方井画间色叶瓣组成的涡状圆轮，外周饰忍冬状云气纹十五朵。圆心画一天人，披帛、交脚坐于莲花上。套叠方井的各层抹角饰莲花或火焰宝珠纹样。井心外沿数层边饰纹样皆简率，垂角帷幔窄小。

第 302 窟实测图

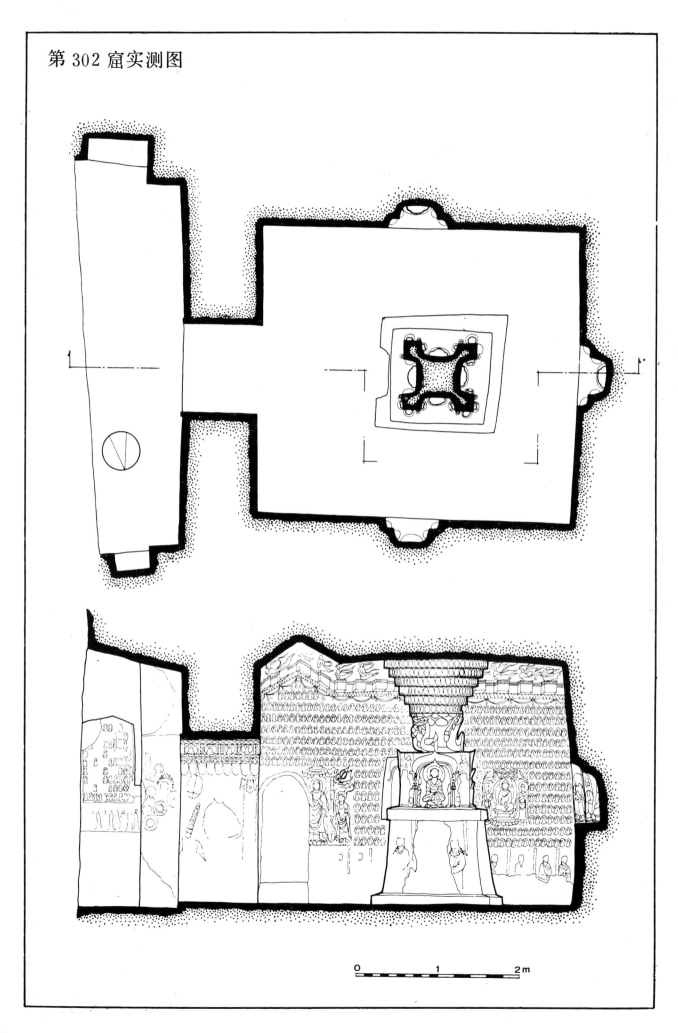

0　　　　　1　　　　　2m

226

第 420 窟实测图

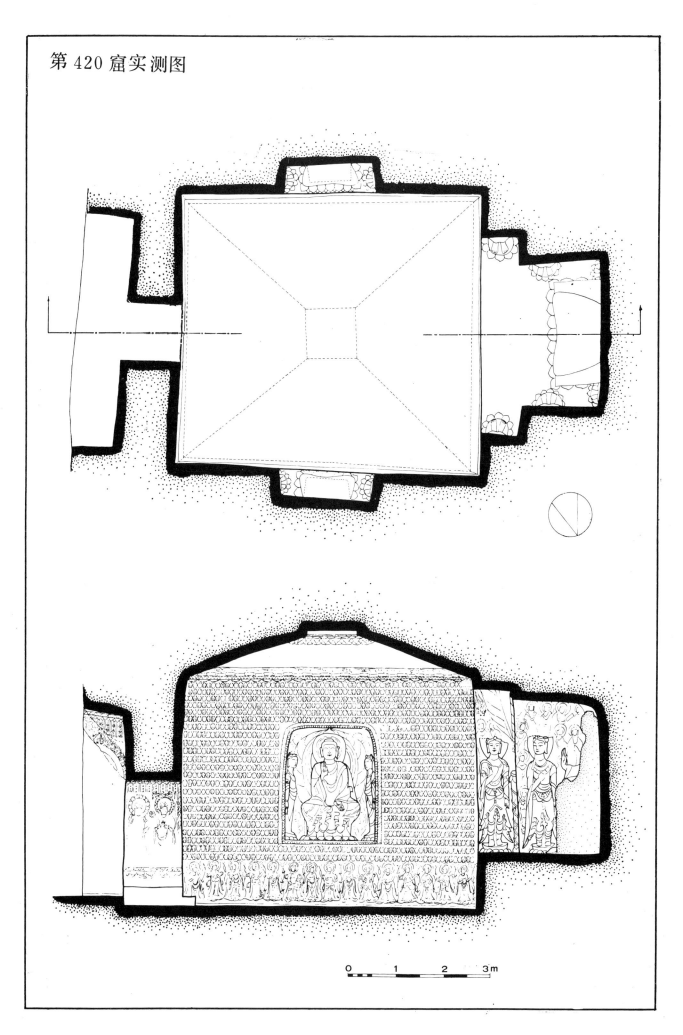

第 427 窟实测图

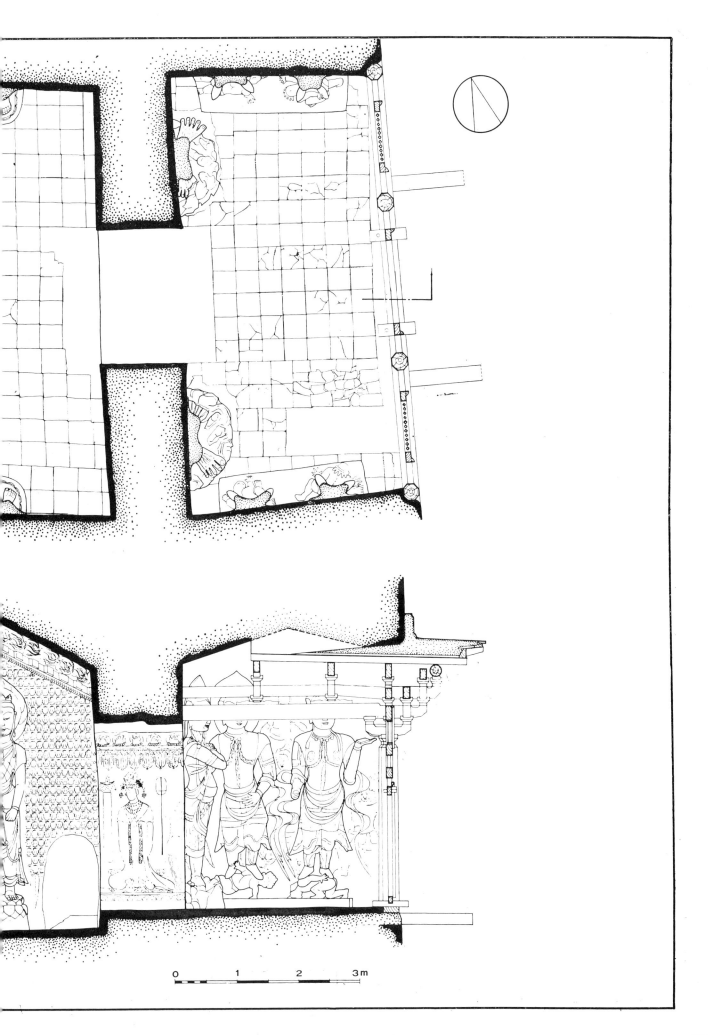

0　　　1　　　2　　　3m

# 敦煌莫高窟大事年表（二）

史苇湘编

| 公元581年 | 隋 | 开皇元年 | 辛丑 | 二月，隋文帝杨坚废宇文衍称帝，北周亡。是岁文帝普诏天下任听出家，仍令计口出钱营造经像。八月吐谷浑侵凉州，遣行军元帅元谐等将步骑数万击破之，留行军总管贺娄子干镇凉州。（《资治通鉴》卷一百七十五、《隋书》卷三十五《经籍志》） |
|---|---|---|---|---|
| 公元582年 | 隋 | 开皇二年 | 壬寅 | 改长安陟岵寺为大兴善寺，并立大兴善寺译场，召沙门僧猛住大兴善寺为隋国大统，又以昙延为大昭玄统。突厥寇兰州，凉州总管贺娄子干击退之。（《续高僧传》卷二、《佛祖统纪》卷三十九、《大宋僧史略》中、《资治通鉴》卷一百七十五） |
| 公元583年 | 隋 | 开皇三年 | 癸卯 | 隋迁都龙首原，名城曰大兴城，殿曰大兴殿。诏令修复北周废寺。夏四月，建平郡公于义卒。上大将军史万岁坐事配敦煌为戍卒，后从窦荣定军拒突厥。罢永兴郡，置瓜州。（《隋书》卷一《高祖纪》、卷二十九《地理志》、《辩正论》卷三、《资治通鉴》卷一百七十五、《元和郡县志》卷四十） |
| 公元584年 | 隋 | 开皇四年 | 甲辰 | 敕天下凡北周已入官而未毁之像再行安置。贺娄子干发凉、甘、瓜、鄯、廓五州兵击吐谷浑。突厥败，沙钵略可汗请和亲。莫高窟第302窟中心柱北向面有"开皇四年六月廿一日"题记。（《历代三宝记》卷十二、《资治通鉴》卷一百七十六） |
| 公元585年 | 隋 | 开皇五年 | 乙巳 | 突厥阿波可汗与沙钵略分裂，西越金山，号西突厥，龟兹、铁勒、伊吾及西域诸胡悉附之。七月，沙钵略得隋朝援助，击破阿波，与隋立约，以碛为界，遣其子库合真入朝。莫高窟第305窟北壁有"开皇五年正月"题记。（《资治通鉴》卷一百七十六） |
| 公元587年 | 隋 | 开皇七年 | 丁未 | 发丁男十万余人修长城，二旬而罢。突厥沙钵略可汗卒，隋为之废朝三日。诏昙迁为昭玄大沙门统。（《资治通鉴》卷一百七十六、《佛祖统纪》卷三十九） |
| 公元588年 | 隋 | 开皇八年 | 戊申 | 命晋王杨广统率总管九十、兵五十一万八千伐陈。（《资治通鉴》卷一百七十六） |
| 公元589年 | 隋 | 开皇九年 | 己酉 | 平陈，隋统一南北。获宋、齐旧乐及江左乐工，乃置清商署，定乐制。命裴矩、高颎收陈皇室藏书画八百余卷，于东京观文殿起妙楷台、宝迹台藏之。召三阶教僧信行入京。此际，僧善喜在莫高窟造讲堂。（《隋书》卷一《高祖纪》、卷十五《音乐志》、《历代名画记》卷一《叙画之兴废》、《续高僧传》卷十九、敦煌石窟遗书P.3720《莫高窟记》） |
| 公元590年 | 隋 | 开皇十年 | 庚戌 | 南贤豆国僧达摩笈多至瓜州，复至长安，令就兴善寺译经。是岁度沙门五十余万人。（《续高僧传》卷二、卷十） |
| 公元591年 | 隋 | 开皇十一年 | 辛亥 | 诏令天下各州县立僧尼二寺。令天下之寺应无分公私，混同施造。诏征沙门灵裕为国统，灵裕辞还。晋王杨广为扬州总管，迎沙门智顗设千僧会，受菩萨戒，赐顗法号智者大师。（《金石萃编》卷三十八《诏立僧尼二寺记》、《历代三宝记》卷十二、《续高僧传》卷九、卷十七） |
| 公元592年 | 隋 | 开皇十二年 | 壬子 | 敦煌僧慧远（俗姓李）卒于大兴城净影寺。（《续高僧传》卷九） |

| 公元 593 年 | 隋 | 开皇十三年 | 癸丑 | 诏修复周武所毁之废像遗经。禅宗二祖慧可受教达摩，行化三十四载，是年卒，寿一百又七岁。独孤罗除使持节总管凉、甘、瓜三州诸军事凉州刺史。（《历代三宝记》卷十二、《续高僧传》卷十五、《考古学报》一九五九年第三期图版《独孤罗墓志》） |
|---|---|---|---|---|
| 公元 594 年 | 隋 | 开皇十四年 | 甲寅 | 三阶教僧信行卒。（《续高僧传》卷十六） |
| 公元 596 年 | 隋 | 开皇十六年 | 丙辰 | 杨坚以宗女光化公主妻吐谷浑可汗世伏。（《资治通鉴》卷一百七十八） |
| 公元 957 年 | 隋 | 开皇十七年 | 丁巳 | 突厥突利可汗来朝，居太常，教习六礼，杨坚以宗女安义公主妻之。吐谷浑大乱，国人杀世伏，立其弟伏允为可汗。晋王杨广遣使迎智颉，颉途中病卒，年六十七。智颉为天台宗始祖，在世共造大寺三十五所，亲度僧众四千余人，写经一十五藏，造金檀画像十万许躯。（《资治通鉴》卷一百七十八、《续高僧传》卷十七） |
| 公元 599 年 | 隋 | 开皇十九年 | 己未 | 突厥突利可汗入朝。杨坚封突利为意利珍豆启民可汗。时安义公主卒，复以宗女义成公主妻之。宜阳公王世积为凉州总管，未几坐诛。此际刘方为瓜州刺史。（《资治通鉴》卷一百七十八、《隋书》卷五十三《刘方传》） |
| 公元 600 年 | 隋 | 开皇廿年 | 庚申 | 废太子勇，立晋王杨广为太子。十二月下诏禁毁佛道等像，违者以恶逆不道论。敕断三阶教不听传行。（《隋书》卷二《高祖纪》、《历代三宝记》卷十二） |
| 公元 601 年 | 隋 | 仁寿元年 | 辛酉 | 六月诏天下诸州名藩建灵塔，分送舍利于三十州，于十月十五日同时起塔。命僧智巖送舍利至瓜州崇教寺（莫高窟）起塔。命天下舍利塔内各作神尼智仙之像。命造等身释迦六躯置沙门法藏所住寺。（《广弘明集》卷十七《舍利感应记》、《续高僧传》卷十九、卷二十八） |
| 公元 602 年 | 隋 | 仁寿二年 | 壬戌 | 僧彦琮以达摩笈多所述见闻撰《大隋西国传》十篇。（《续高僧传》卷二） |
| 公元 603 年 | 隋 | 仁寿三年 | 癸亥 | 诏于五十三州立舍利塔，令总管刺史以下县尉以上废常务七日。隋送突厥启民可汗归国。此际杨恭仁为甘州刺史。（《广弘明集》卷十七《庆舍利感应表》、《法苑珠林》卷四十、《资治通鉴》卷一百七十九、《旧唐书》卷六十二《杨恭仁传》） |
| 公元 604 年 | 隋 | 仁寿四年 | 甲子 | 七月，文帝杨坚殁，炀帝杨广嗣位。文帝在位计二十三年，于一百余州立舍利塔，度僧尼二十三万人，立寺三千七百九十二所，写经四十六藏十三万二千另八十六卷，修故经三千八百五十三部，造像十万六千五百八十躯。（《资治通鉴》卷一百八十、《法苑珠林》卷一百） |
| 公元 605 年 | 隋 | 大业元年 | 乙丑 | 三月，令宇文恺等营建东京。发民百余万开通济渠。为天台智颉设千僧斋。（《隋书》卷三《炀帝纪》、《续高僧传》卷十九） |
| 公元 606 年 | 隋 | 大业二年 | 丙寅 | 集周、齐、梁、陈散乐于太常，命乐正白明达制新声。此际以西域多诸宝物，令裴矩往张掖，监诸商胡互市，啖之以利，劝令入朝。自是西域诸蕃，往来相继。裴矩依据富商大贾周游经涉所述，撰《西域图记》三卷，合四十四国，别造地图，纵横所亘将二万，里备述丝绸之路"发自敦煌，至于西海，凡为三道"。（《资治通鉴》卷一百八十、《隋书》卷二十四《食货志》、卷六十七《裴矩传》） |
| 公元 607 年 | 隋 | 大业三年 | 丁卯 | 发丁男百余万筑长城，西距榆林、东至紫河。改瓜州为敦煌郡。铁勒侵边，遣将军冯孝慈出敦煌击之，不利。复令裴矩往敦煌，矩设使说高昌王麹伯雅及伊吾吐屯设等导使入朝。此际敕裴矩与彦琮共修《天竺 |

| | | | | |
|---|---|---|---|---|
| | | | | 记》。日本遣使臣小野妹子至隋朝拜，兼沙门数十人来学佛法。 （《隋书》卷三《炀帝纪》、卷六十七《裴矩传》、卷八十一《东夷传》、《元和郡县志》卷四十、《资治通鉴》卷一百八十、《续高僧传》卷二） |
| 公元608年 | 隋 | 大业四年 | 戊辰 | 召沙门净业入鸿胪馆教授蕃僧。以薛世雄为玉门道行军大将击伊吾，筑新伊吾城戍守之，为伊吾郡。姬威转敦煌太守。敦煌大黄门摅帅王海造写《涅槃》、《法华》、《方广》经各一部。 （《续高僧传》卷十二、《资治通鉴》卷一百八十一、《旧唐书》卷四十《地理志》、《文物》一九五九年第八期p.5《姬威墓志》、敦煌石窟遗书P.2205） |
| 公元609年 | 隋 | 大业五年 | 己巳 | 炀帝杨广西巡河右，至武威、张掖，高昌王麴伯雅、伊吾土屯设等西域二十七国可汗、使节谒于道左。置西海、河源、鄯善、且末等四郡，置戍屯守。沙门慧乘随炀帝至张掖，奉敕为高昌王麴伯雅讲《金光明经》。突厥启民可汗卒，为之废朝三日。 （《资治通鉴》卷一百八十一、《续高僧传》卷二十五） |
| 公元610年 | 隋 | 大业六年 | 庚午 | 征魏、齐、周、陈乐人子弟，悉配太常；是岁太常乐多至三万余人。沙门彦琮卒。此际周法尚出为敦煌太守。 （《隋书》卷十五《音乐志》、《资治通鉴》卷一百八十一、《续高僧传》卷二、《隋书》卷六十五《周法尚传》） |
| 公元611年 | 隋 | 大业七年 | 辛未 | 遣裴矩等驰至玉门关晋昌城，谕西突厥处罗可汗入朝。十二月，处罗来朝于临朔宫。 （资治通鉴》卷一百八十一） |
| 公元612年 | 隋 | 大业八年 | 壬申 | 十一月，以宗女华容公主嫁于高昌王麴伯雅。高昌王还归本国。 （《隋书》卷四《炀帝纪》、卷八十三《西域传》） |
| 公元613年 | 隋 | 大业九年 | 癸酉 | 中原各地农民起义军蓬勃兴起。莫高窟第282窟七月十五日造讫（本窟龛下题记）。 （《隋书》卷四《炀帝纪》） |
| 公元615年 | 隋 | 大业十一年 | 乙亥 | 春正月，大宴百僚。突厥、新罗、靺鞨、毕大辞、訶咄、传越、乌那曷、波腊、吐火罗、俱虑建、忽论、沛汗、龟兹、疏勒、于阗、安国、曹国、何国、穆国、毕、衣密、失范延、伽折、契丹等国并遣使朝贡。八月，杨广巡北塞，至雁门，被突厥始毕可汗围城，诏天下诸郡赴难，九月解围。于寿昌城内置龙勒府。敦煌郡沙门县枚写沙门慧远所撰《涅槃经义记》。 （《隋书》卷四《炀帝纪》、《元和郡县志》卷四十、《敦煌劫余录》第八峡） |
| 公元617年 | 隋 | 大业十三年 | 丁丑 | 金城校尉薛举据兰州称西秦霸王，建元秦兴，尽有陇西之地。武威人李轨举兵据河西，自称河西大凉王，建元安乐，收张掖、敦煌、西平、抱罕等河西五郡。时敦煌郡统敦煌、常乐、玉门三县，七千七百七十九户。六月，唐国公、太原留守李渊从太原起兵。命子李世民将兵徇河西，下之。以李世民为敦煌公。十一月，李渊入京师，自为大丞相，尊杨广为太上皇，立代王杨侑为恭帝，改元义宁。 （《旧唐书》卷五十五《薛举、李轨传》、卷一《高祖纪》、《隋书》卷二十九《地理志》） |
| 公元618年 | 隋 | 义宁二年 | 戊寅 | 三月，宇文化及杀杨广于扬州江都宫。五月，恭帝侑让位，李渊称帝，国号唐，改元武德，隋亡。炀帝在位计十四年，为文帝于长安造二禅定并二木塔并立别寺十所，修故经六百一十二藏二万九千一百七十二部，治故像十万另一千躯，造新像三千八百五十躯，度僧六千二百人。 （《隋书》卷五《恭帝纪》、《法苑珠林》卷一百） |